Dirección Editorial: Raquel López Varela
Coordinación Editorial: Ana María García Alonso
Maquetación: Cristina A. Rejas Manzanera
Diseño de cubierta: Francisco A. Morais

Sexta edición del 978-84-441-4361-3
(Decimoséptima edición del 978-84-241-3020-6)

Carretera León-La Coruña, km 5
ISBN: 978-84-441-4361-3
Depósito legal: LE. 1033-2013
Printed in Spain - Impreso en España

EDITORIAL EVERGRÁFICAS, S. L.
Carretera León-La Coruña, km 5
LEÓN (España)
Atención al cliente: 902 123 400

Tinka

Concha López Narváez
Carmelo Salmerón
Ilustrado por Rafael Salmerón

everest

A Lola y Miguel

En este libro se narra la aventura de Tinka, un niño perteneciente al pequeño pueblo de los arbustos, cuyos miembros se conocen comúnmente como bosquimanos.

Los bosquimanos, expulsados de tierras fértiles por tribus guerreras, han encontrado un último refugio en las resecas arenas del desierto de Kalahari, en el sur de África. Allí han podido sobrevivir gracias a su valor, su energía infatigable, su paciencia sin límites y su agudo ingenio.

En la sociedad de los bosquimanos no existe envidia a causa de las riquezas, pues todo lo comparten. Las familias están unidas por fuertes lazos de cariño, y entre todos los componentes de cada poblado se mantiene una lealtad a toda prueba.

Los bosquimanos poseen una viva imaginación, manifestada en las hermosas narraciones, mezcla de fantasía y de observación de costumbres de animales, que se relatan unos a otros junto al fuego. Igualmente, las leyendas sobre la creación del mundo y la acción que sobre él ejercen buenos y malos espíritus forman parte importante de sus vidas.

Físicamente se diferencian de sus vecinos por su corta estatura y el color pardo-amarillento de su piel.

I

La noche estaba serena y luminosa y las estrellas brillaban alegremente. Tinka no podía entender que el cielo continuara siendo hermoso cuando en su corazón había tanta tristeza. Su padre y él estaban sentados a la puerta de la choza, muy juntos. Dentro, la madre cantaba para la pequeña Wo, que quería, y no podía, dormirse.

Tinka estaba triste porque Deneke, su padre, marcharía a la mañana siguiente. Todos los hombres del poblado se irían al amanecer, y también los muchachos, incluso los que todavía estaban en la escuela de iniciación[1]. Todo aquel que supiera manejar un arco y fuera capaz de caminar a buen paso desde el alba hasta el anochecer, partiría al día siguiente. Era necesario porque el agua y los alimentos que aún podían encontrarse en el desierto estaban agotándose.

Sucedía que aquel año las nubes no habían querido acercarse al campamento de las gentes del pequeño pueblo de los arbustos. Los hombres, las mujeres y los niños les suplicaban que se apiadaran de ellos porque necesi-

---

[1] *Iniciación:* Tiempo de aprendizaje durante el cual los jóvenes varones se preparan para convertirse en adultos.

taban las lluvias que guardaban en sus vientres; pero las nubes permanecían en la línea del horizonte, sordas e indiferentes a los ruegos de las gentes del pequeño pueblo.

Y mientras tanto la tierra se moría de sed, las plantas no conseguían nacer y, como no había hierba nueva, los antílopes habían terminado por marcharse.

Por todo esto la gente del pequeño pueblo de los arbustos, que 'vivía' en el desierto de Kalahari, decidió buscar un nuevo lugar para establecerse mientras durara la sequía. Irían en la dirección del gran río Nossob, porque era allí donde el agua vivía permanentemente. Primero marcharían los hombres, y, cuando hubieran levantado un nuevo campamento, regresarían para llevarse con ellos a los ancianos, las mujeres y los niños.

—¿No es en la dirección del río Nossob donde viven los *hotentotes*? —preguntó Tinka.

—Sí, es en esa dirección —respondió su padre.

—Pero ¿los hotentotes no son nuestros mayores enemigos?

—Son unos de nuestros mayores enemigos.

—Entonces, ¿por qué marcháis hacia donde ellos viven? ¿Por qué no marcháis justo en dirección contraria?

—En dirección contraria marchan ya las gentes de otros poblados del desierto; además, también tenemos enemigos en dirección contraria.

Se hizo un profundo silencio. Tinka tomó la mano de su padre y dejó caer la cabeza sobre su hombro. Pensaba que no era justo que la gente del pueblo de los arbustos, que por naturaleza era tan pacífica, tuviera enemigos en todas direcciones. Lo que sucedía era que muchos los despreciaban porque tenían pequeños los cuerpos: «A corta estatura, miserables sentimientos», eso era lo que algunos decían. Tinka lo sabía porque su padre se lo había explicado, y también sabía que tal cosa no era cierta.

—¿Y los hotentotes son muy numerosos? —preguntó con inquietud.

—No demasiado... —respondió su padre; y luego, para tranquilizarlo, añadió—: Y se mueren de miedo cuando piensan en nuestras flechas envenenadas. Además, llevamos regalos para calmarlos: sonajas de danza y collares de cuentas de colores.

Tinka sonrió. Se sentía mucho más tranquilo: los alegres cascabeles, que estaban hechos con capullos de mariposa gigante y trocitos de cáscara de huevos de avestruz, y las larguísimas sartas de cuentas de barro cocido y hermosamente pintado, gustaban a todo el mundo.

—¿Y cuándo regresaréis? —preguntó.

—Más o menos cuando la luna se llene otra vez —contestó su padre.

Tinka se sobresaltó: para eso faltaba mucho tiempo, porque la luna acababa de llenarse; para eso faltaba un puñado de días, un enorme racimo de días, más días que los dedos de sus pies y sus manos juntos.

—No quiero que te vayas —protestó ahogando un sollozo, mientras se apretaba contra el cuerpo de su padre. En aquellos momentos se sentía muy pequeño.

—Pero si no me voy, no podré regresar —dijo Deneke, y Tinka lo miró con asombro, sin entender sus palabras.

—¿Cuál es la mejor época del año? —preguntó luego su padre.

—¡La época de las visitas! —respondió Tinka vivamente; pero enseguida bajó los ojos entristecido: la época de las visitas era la que seguía a las grandes lluvias, cuando florecía el desierto, rebosaban las charcas de aguas nuevas y había caza de sobra. Entonces las gentes del pequeño pueblo se ponían en camino, únicamente por placer, para visitar a los amigos que vivían en otros poblados. ¡Qué alegremente marchaban cargados de regalos...! Así había sido todos los años; este, sin embargo...

—¡La época de las visitas! —repitió su padre dejando a un lado la melancolía—. Y nos alegramos recibiendo o visitando a los amigos, porque no siempre están con nosotros. ¿Lo entiendes, Tinka? Mira, no pienses en la tristeza que tendrás cuando partamos, sino en el gozo que tendrás cuando regresemos... ¿no te lo imaginas? Volveremos con caza y con agua, y cuando nos hayamos repuesto del cansancio de la caminata, nos iremos otra vez, todos juntos, hacia el lugar que hayamos elegido y viviremos siempre felices.

Tinka, que había comenzado a imaginar la alegría que iba a sentir a la vuelta de su padre, sufrió un nuevo sobresalto:

—¿Para siempre? ¿Viviremos en ese lugar para siempre? ¿No regresaremos nunca a nuestra tierra?

—Regresaremos cuando las lluvias regresen.

Tinka suspiró con alivio y enseguida suplicó:

—Déjame ir contigo, soy capaz de caminar un día entero, y ya manejo el arco bastante bien, puedo practicar por el camino... Tengo once años, soy el mayor de los niños pequeños, ya casi soy un niño grande.

El padre le acarició la cabeza lentamente, y alzándole la barbilla le miró a los ojos; después, comenzó a decir:

—Si tú vinieras con nosotros...

Y de repente Tinka recordó algunos de los juegos bobos con los que se entretenía, y cómo, a veces, interrumpía a su madre mientras trabajaba haciéndole preguntas sin sentido. «No seas tontito», decía ella. Realmente no se había portado como un niño grande.

«Si tú vinieras con nosotros, serías un verdadero estorbo», eso era lo que iba a decir su padre.

Pero Tinka se equivocaba:

—Si tú vinieras con nosotros, ¿quién protegería a los ancianos y a los niños pequeños cuando las mujeres estén en el desierto buscando raíces y bulbos para la comida? —preguntó su padre sin dejar de mirarle a los ojos. Y enseguida añadió—: Y si hablaran las nubes durante nuestra ausencia y regresaran los grandes animales, ¿quién iba a procurar caza al campamento? Las mujeres no son cazadoras y los ancianos apenas tienen fuerzas. Y por las tardes, si tú vinieras con nosotros, ¿quién iba a revisar las cercas para ver si se habían abierto huecos en los espinos? Las mujeres ya tienen bastante con recorrer el desierto todo el día, preparar la cena y dormir a los niños.

Se hizo un corto silencio y, por último, el padre dijo:

—Cuando revises las cercas, no te olvides de llevar siempre contigo el palo de cazar, y ten el arco siempre a punto. Cuando nos marchemos, serás el único cazador.

Un sentimiento nuevo se adueñó del espíritu de Tinka: de pronto se sabía necesario para la gente de su

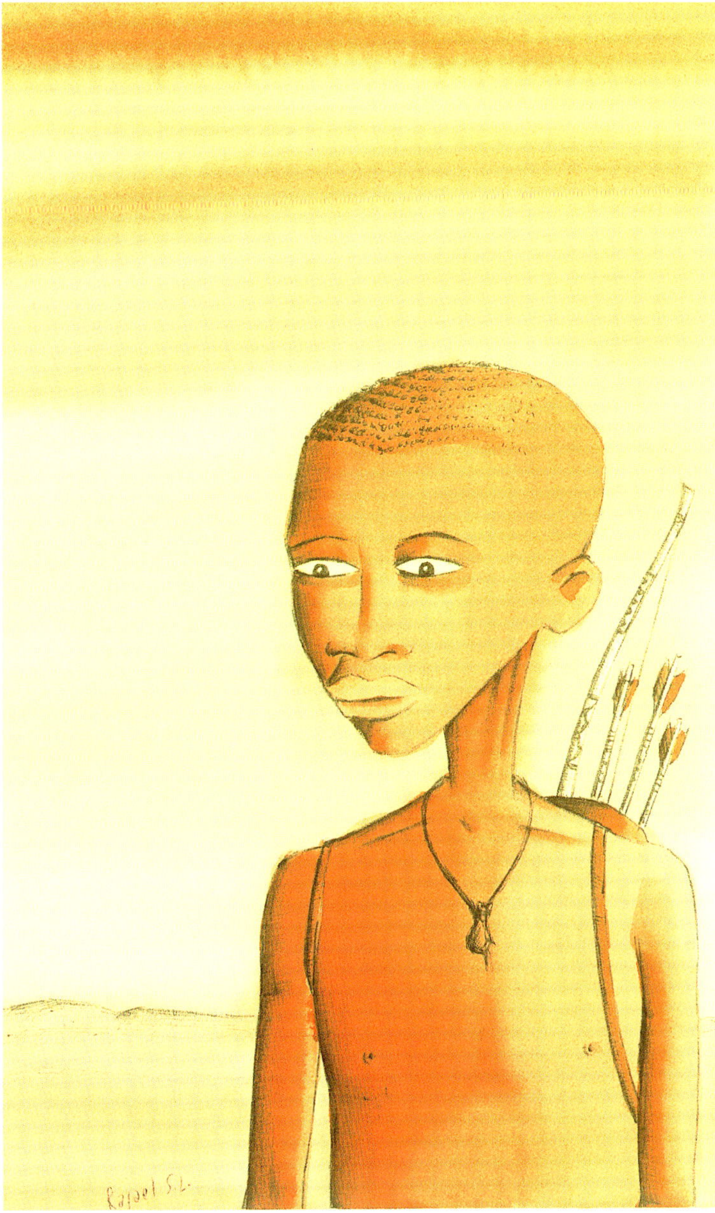
Rafael S.L.

pueblo; y tal cosa le enorgullecía, aunque también le asustaba un poco. Estaba pensando en ello cuando su padre volvió a hablar:

—Tinka, desde ahora tú serás el guardián de nuestro poblado —dijo, y quitándose un amuleto que siempre llevaba al cuello fue a ponerlo en el de su hijo.

A Tinka la emoción le recorrió el cuerpo entero, y por fin se le detuvo en la garganta: con aquel amuleto su padre le entregaba su cariño y su protección; con él, recibía el ánimo y la fuerza del cazador. Quería decir lo mucho que significaba para él, pero no halló las palabras.

* * *

Los hombres marcharon al amanecer. Los niños, las mujeres y los ancianos estuvieron contemplándolos hasta que sus figuras desaparecieron detrás de la línea del horizonte.

—Volveremos cuando se llene otra vez la luna —dijeron con los últimos abrazos. Sin embargo, en el poblado todo el mundo, excepto los niños, sabía que tal cosa era mucho más un deseo que una promesa, porque el hambre, la sed, y, sobre todo, los enemigos, podrían impedírselo.

No obstante, no era la gente del pequeño pueblo muy dada a las lamentaciones: los hombres y los muchachos habían marchado, pero los niños y los ancianos continuaban allí y había que alimentarlos; por eso las mujeres y las muchachas, apenas el polvo que quedaba a espaldas de los hombres se hubo asentado, tomaron el palo de excavar y salieron en busca de bulbos y raíces.

Los niños se secaron las lágrimas y comenzaron a jugar.

—¡Ven con nosotros, Tinka! —gritaron.

Pero Tinka cogió el arco y comenzó a ejercitarse. Aún seguía teniendo once años, pero ya no pertenecía al grupo de juego de los pequeños. Ahora era el único cazador, el guardián del campamento.

II

Hacia el mediodía Tinka fue a reunirse con los otros niños. Estaban tumbados a la sombra de una acacia y no paraban de quejarse:

—¡Qué calor...!

—El aire quema...

—¿Por qué no se acercarán las dichosas nubes...?

—Yo odio a las nubes...

—Pues yo odio al sol —dijo Tinka—. El sol quiere matarnos. Lo que no entiendo es por qué Nadima tuvo que ponerlo precisamente allí, en todo lo alto.

Los otros niños se escandalizaron:

—¡Calla, Tinka, no sea que Nadima te oiga! Ya sabes que el sol es su criatura favorita.

Nadima era el nombre del dios en el que creía la gente del pequeño pueblo. Había creado cuanto existía en el cielo y en la tierra, y además podía escuchar y ver todo. Cuando algo no le agradaba, se enojaba muy seriamente.

Pero Tinka no era de los que se callaban:

—¡Pues no lo entiendo! —repitió.

—No fue Nadima quien puso al sol en mitad del cielo —comenzó a decir el anciano Wakawe, incorporándose sobre la estera de hierbas trenzadas en la que echaba la siesta.

Los niños también se incorporaron y lo miraron interesados.

Wakawe era, entre todos los ancianos y ancianas del poblado, el preferido de los niños: tenía respuestas a cualquier pregunta y en su memoria guardaba un enorme racimo de maravillosas historias.

Cuando sus padres marchaban de caza y sus madres y sus hermanas mayores salían a recolectar plantas y frutos para la cena, los niños decían:

—Por favor, que nos cuide Wakawe.

Y el anciano Wakawe siempre aceptaba, encantado de vigilar los juegos de los niños.

—Al principio de todo, cuando Nadima creó el mundo, el sol vivía en la tierra y solo iluminaba a una pequeña parte de ella, la que estaba justo delante de su casa —continuó diciendo Wakawe—. Entonces no hacía calor, pero casi toda la tierra estaba a oscuras.

»Cierto día, unos niños del pueblo de los arbustos se acercaron al sol de puntillas y lo echaron con fuerza hacia arriba para que iluminara todo el mundo.

»El sol fue a caer al cielo, y, como no sabía bajarse, allá arriba se quedó, contemplando la tierra. Estaba tan enfadado, que se puso a cavilar la manera de castigar a los niños.

»Tenéis que saber que, por aquellos tiempos, las serpientes no eran enemigas de la gente del pequeño pueblo, y, entre todas, había una a la que tenían en gran estima. Se trataba de la Serpiente de las Aguas. A su paso brotaban arroyos y riachuelos, de manera que los prados estaban siempre verdes y había frutas en los árboles durante todo el año.

»Y un día, el sol, que contemplaba los alegres movimientos de la serpiente, se le ocurrió la manera de castigar a los niños que lo habían arrojado al cielo: se arrancó algunos de sus rayos más fuertes, los convirtió en serpiente de fuego y la envió a la tierra. La Serpiente de Fuego era violenta, y lo primero que hizo fue desafiar a la Serpiente de las Aguas; pero esta era pacífica y no quiso pelear con ella. Entonces la Serpiente de Fuego la hizo huir, persiguiéndola durante días y días, hasta que la Serpiente de las Aguas consiguió ocultarse.

»Entonces la Serpiente de Fuego se puso tan furiosa, que quemó la hierba de las praderas y la mayor parte de los árboles; además hizo que se secaran los riachuelos y arroyos que la Serpiente de las Aguas había hecho brotar. Desde entonces el lugar en el que vive la gente del pequeño pueblo de los arbustos se llama desierto.

El anciano Wakawe dejó vagar la mirada por la ardiente y arenosa llanura, salpicada de matorrales espinosos, que se extendía ante sus ojos, suspiró profundamente y por fin concluyó:

—Y ahora ya lo veis, la mayor parte del año no tenemos hierba, y solo unos pocos árboles nos proporcionan sombra. Durante la época del gran calor, cuando no hay nubes que nos alivien ni lluvias que nos refresquen, el sol nos arroja los más fuertes de sus rayos y se burla de nosotros, riendo desde lo alto; pero no fue Nadima quien lo puso allí en mitad del cielo.

Cuando la historia terminó, los niños elevaron sus ojos resentidos hacia el sol, y Tinka le mostró con indignación el puño cerrado, y luego preguntó:

—¿Y dónde está ahora esa malvada Serpiente de Fuego?

—Hace mucho tiempo que está muerta. Llegaron las grandes lluvias y se ahogó; pero lo que ella quemó, siguió quemado —explicó el anciano.

—¿Y qué ha ocurrido con la Serpiente de las Aguas, se ha muerto también?

El anciano Wakawe negó con la cabeza.

—Y entonces, ¿dónde vive? —quiso saber Tinka.

—Más allá del desierto, en un lugar cercano al lago Ngami —explicó Wakawe, y volvió a tenderse sobre su estera.

Los niños también se tumbaron y, después de hablar durante algún tiempo de la serpiente, se quedaron dormidos. Hacía mucho calor y no despertaron hasta el atardecer.

Al atardecer, Tinka cogió otra vez su arco y su palo de cazar y fue a revisar la cerca de espinos.

* * *

Pasaron los días, muchos, todos lentos e iguales. La luna volvió a llenarse y los hombres no regresaron.

Todas las tardes los ancianos, las mujeres y los niños miraban ansiosos hacia la línea del horizonte.

—Los veremos venir en cualquier momento —decían.

La luna comenzó a decrecer y los hombres continuaban sin llegar.

—Aparecerán un día de estos, no dijeron que vendrían justo el mismo día en el que la luna se llenara; más o menos, eso fue lo que dijeron.

Estas cosas y otras semejantes se decían unos a otros la gente del pequeño pueblo.

Pero los niños no paraban de hacer preguntas, y sus madres no sabían qué responderles:

—¡Bah, se habrán entretenido...!

—Bueno, quizá haya muchísima caza y no quieran desaprovecharla...

A los niños no les satisfacían las respuestas de las madres:

—¿Y tú qué piensas, Wakawe? —preguntaban.

El anciano Wakawe no quería inquietarles, pero tampoco quería mentirles:

—El río Nossob está muy lejos, puede que hayan calculado mal y se necesite más tiempo para llegar hasta aquí —respondía.

Los niños tampoco quedaban satisfechos con estas respuestas, por eso insistían y los pensamientos daban vueltas en sus cabezas:

—¿Y no será que Uwabe ha borrado los caminos que conducen al río Nossob?

—Pudiera ser —respondía Wakawe.

Podía ser, porque Uwabe, que era un duende que recorría el desierto montado en un antílope, no le tenía ninguna simpatía a la gente del pequeño pueblo.

—¿O será que los chismosos babuinos han oído las conversaciones de los cazadores y han avisado a los animales para que huyan? —preguntaban.

—También pudiera ser —decía Wakawe, y sinceramente lo pensaba, porque los babuinos no solo entendían el lenguaje de todos los animales, sino también el de los hombres; además, les encantaba contarlo todo.

—Esos dichosos babuinos, que todo lo hablan... —se indignaban los niños.

Los niños pasaban los días cavilando sobre el retraso de sus padres. Había un pensamiento que no querían admitir, pero que de cuando en cuando les asaltaba: ¿y si sus padres y sus hermanos mayores no regresaban nunca?, ¿y si estuvieran todos muertos...?

Cuando los niños se sentían oprimidos por tan terrible inquietud, se ponían a jugar como locos. Jugaban a ser leones furiosos o babuinos endiablados, y saltaban gritando o rugían durante mucho rato. Y así, formando barullo, conseguían no oír aquellas voces interiores que tanto les angustiaban.

A Tinka, sin embargo, que ya no jugaba, le costaba mucho más tiempo y mucho más trabajo ahogar sus temores.

Con el paso de los días, las inquietudes de la gente del poblado de los arbustos fueron en aumento.

«Volverán, acabarán por volver; lo mismo que volverán las nubes y hablarán las lluvias», se decía Tinka a sí mismo mientras continuaba ejercitándose con el arco.

Pero la vida en el poblado se fue volviendo más y más difícil: el agua de las charcas se agotó casi por completo y ya solo podían obtener bebida del jugo de algunas plantas; pero las plantas, también escaseaban.

Una tarde las mujeres regresaron del desierto con las cestas medio vacías. Los niños miraron a sus madres con los ojos asustados.

—Mañana encontraremos muchas más raíces y muchos más bulbos —dijeron las mujeres.

—Mañana tenderemos trampas para cazar animales pequeños —dijeron los ancianos.

Pero al día siguiente las cestas de las mujeres también volvieron medio vacías, y no cayó ni un solo animal en las trampas.

Fue la primera vez que Tinka pensó que tenía que hacer algo, porque él era el guardián del poblado. «¿Pero qué?», se preguntaba.

Se le ocurrió de pronto, fue como la luz de un relámpago cuando rompe la oscuridad de la noche: ¡La Serpiente de las Aguas! Si consiguiera traerla de vuelta, el desierto florecería, regresarían los animales y la gente de su pueblo no tendría más hambre.

III

Aquella noche Tinka soñó que iba a buscar a la Serpiente de las Aguas, y que la encontraba y la traía de vuelta. A su paso florecían las plantas secas y la tierra se cubría de hierba blanda, y en un momento nacían los melones *tsama*, que eran las más jugosas de las frutas; y cuando llegaban al poblado, la serpiente se alegraba porque de nuevo estaba en el lugar en el que había nacido. Entonces se tumbaba a descansar y a su lado brotaba un sonriente arroyo, que iba a caer a una hondonada y formaba una charca enorme y transparente.

La gente del poblado se tiraba de cabeza al agua y bebía hasta hartarse, y no solo disfrutaban con los labios, sino con todo el cuerpo; y el cuerpo se les volvía suave y brillante. Y de repente todo el mundo olvidaba el cansancio y la tristeza, y también de repente regresaban los hombres seguidos por una manada de antílopes. Y Tinka salía al encuentro de su padre, y su padre lo estrechaba entre sus brazos. Y enseguida se acercaba su madre con la pequeña Wo, y decía con voz de gozoso orgullo:

—Mira, mira, todo esto que ves es obra de tu hijo…

—No ha habido mejor día en nuestras vidas que aquel en el que nació nuestro Tinka —decía su padre.

Y Tinka sentía una felicidad tan inmensa como si estuviera lloviendo agua mansa dentro de su pecho.

Se despertó inundado de gozo, y durante unos instantes siguió oyendo la voz de su padre. Luego, ya despierto del todo, le invadió la tristeza y la desesperanza. Pero aquella idea, seguramente disparatada, de ir a buscar a la Serpiente de las Aguas, continuaba golpeando dentro de su cabeza, y no pudo olvidarla durante todo el día.

Pensó que lo primero que tenía que hacer era averiguar si el anciano Wakawe conocía el lugar exacto en el que la serpiente estaba escondida, y para eso hizo preguntas, aunque, como estaba temeroso de que Wakawe pudiera sospechar algo de lo que se proponía, intentó no demostrar demasiado interés:

—Oye, Wakawe, ¿dónde dijiste que había ido a esconderse la Serpiente de las Aguas? —preguntó como distraídamente.

—Más allá del desierto, marchando en dirección al gran lago Ngami —le respondió el anciano.

—¡Bah...! Pero eso es casi lo mismo que no saber dónde está escondida... ¿Lo sabes o no lo sabes?

—¡Claro que lo sé!

—Bueno... Hacia el lago Ngami... Se fue hacia el lago Ngami, eso es lo que tú dices; pero en esa dirección hay muchísimos lugares, así que es como si no lo supieras...

El anciano Wakawe comenzó a alterarse:

—Pues lo sé, yo sé exactamente cuál es el lugar en el que fue a esconderse: para llegar adonde ella está hay que marchar algo más de tres días, primero por la tierra amarilla que quema, y después hay que subir y bajar las onduladas y rojas colinas a las que algunos llaman dunas. Pasadas las rojizas dunas parece que el desierto se retira, pero nuevamente aparece al pie de las ásperas Montañas de la Sed. En la cumbre de dichas montañas se alza un picacho agudo que, desde lejos, parece un dedo que se dobla en la segunda falange y señala al cielo. Justo debajo de él, dicen que fue a esconderse la serpiente.

Tinka ya sabía lo que deseaba saber, pero también hubo algunas cosas que supo por boca del anciano; y oyéndolas, entendió que el camino que llevaba a la cumbre de las Montañas de la Sed podía llegar a ser muy peligroso.

Supo, por ejemplo, que antes de alcanzar el dedo que señalaba al cielo era necesario atravesar la región en la que vivían los temibles *axudzis*, esos malvados espíritus que tenían sus casas en el interior de la Tierra, y que, de cuando en cuando, salían a la superficie para terror de los caminantes que tenían la desdicha de tropezarse con ellos. Y también supo que en las proximidades del lago Ngami, estaba el territorio de caza de los fieros *makololos*[2]. Y los makololos eran los más grandes enemigos del pequeño pueblo, aun más que los hotentotes, porque cierta vez hubo una guerra y las gentes de los arbustos no consintieron someterse a las leyes que ellos querían imponerles. Además, los despreciaban debido a su corta estatura.

Por todas estas cosas que escuchó, el miedo fue a meterse en el corazón de Tinka y allí hizo su nido; pero

---

[2]*Makololos:* Pueblo belicoso, perteneciente al tronco común de los zulúes.

el niño no le permitía hablar muy alto, porque pensaba en el gran gozo de su pueblo si él conseguía traer de vuelta a la Serpiente de las Aguas.

«¡Iré en su busca!», se decía; pero aún no estaba del todo decidido, y por eso añadía: «Esperaré un poco más y quizá, mientras tanto, regresen los hombres, o puede que todavía llueva».

Sus dudas se deshicieron una tarde: se había acercado, como tantos otros días, a los límites del campamento para repasar la cerca de espinos, y, justo cuando se volvía, observó que, desde unos arbustos, un pájaro alzaba el vuelo. No fue lo suficientemente rápido como para acertarle con una piedra, pero pensó que, quizá, su nido estuviera próximo, y con el palo de cazar comenzó a hurgar en la hojarasca. Al principio no halló nada; sin embargo no se dio por vencido y, ¡allí estaba!, oculto entre ramillas y hojas secas, ¡un hermoso nido con cinco huevecillos moteados!

La boca, ansiosa, comenzó a hacérsele agua: hacía tanto que no comía otra cosa que bulbos y raíces... Iba a meterse entre los matorrales para cogerlos, cuando un leve crujido le hizo levantar la cabeza: a menos de veinte pasos le observaban los ojos amenazadores de un enorme gato salvaje.

Las piernas de Tinka temblaron: nunca había visto un gato tan grande, por lo menos no estando solo. No se atrevía a moverse; entendía que era el animal quien había puesto en fuga al pájaro, y que estaba decidido a no permitir que alguien le arrebatara aquellos huevos que ya consideraba suyos. Pero él también los quería, a pesar de su temor.

El gato comenzó a avanzar hacia el nido con pasos lentos y cautelosos. Tenía el pelo erizado y bufaba sordamente, dejando ver sus afilados colmillos.

Tinka permaneció inmóvil. Aunque llevaba el arco al hombro, no pensó en utilizarlo: las flechas se reservaban para los animales grandes; a un gato, por fiero que pareciera, se le atacaba únicamente con el palo de cazar.

El animal continuó avanzando, y entonces Tinka, blandiendo el palo, saltó hacia adelante lanzando al mismo tiempo un enorme grito.

El gato, sorprendido, detuvo sus pasos. Tinka volvió a gritar y le arrojó el palo de cazar, que le golpeó en la cabeza y lo puso en fuga.

Unos instantes después el niño contemplaba, emocionado, los cinco huevecillos que brillaban en la palma de su mano.

Agujereó uno y lo saboreó con placer, lenta pero ansiosamente, y enseguida pensó en su madre y en su hermana Wo, en el anciano Wakawe y en su primo Naukawe, que también era su mejor amigo; pero, a pesar del cariño que sentía hacia ellos, le costó un gran esfuerzo no comérselos todos.

Aquella noche se acostó pensando en las risas gozosas de la pequeña Wo cuando miraba el huevecillo que le había tocado en suerte... Sin embargo un huevo de pájaro no era suficiente para saciar el hambre de una niña, y luego la pequeña Wo había llorado con desconsuelo diciéndole que quería más. Fue en ese momento cuando Tinka decidió que no esperaría para ir en busca de la Serpiente de las Aguas. Marcharía enseguida para volver lo antes posible, solo que, también enseguida, el miedo comenzó a hablarle. Se tapó los oídos para no oírlo, pero

fue inútil porque el miedo vivía en su interior. De todas formas, Tinka ya estaba completamente decidido a marchar aunque tuviera que llevarse al miedo con él.

Durmió poco y mal. Se levantó antes del alba y, en silencio, se calzó unas viejas sandalias de piel de jirafa y se envolvió en una capa de antílope; en el desierto hacía frío desde el anochecer hasta primeras horas de la mañana. Luego se colgó del hombro izquierdo el arco y el carcaj, y del derecho la bolsa de viaje. Dentro llevaba todo cuanto pensaba que iba a necesitar: el palo de hacer fuego, el palo de cazar, algunas sartas de sonajas de danza y otros tantos collares de cuentas; eran regalos para apaciguar a los makololos si tenía la mala suerte de tropezarse con ellos, y además unas pocas raíces alimenticias y algunos bulbos jugosos para calmar la sed.

De puntillas pasó por delante de su hermana y de su madre. Junto a Wo dejó su querida colección de raíces talladas: el leopardo, el elefante, toda una familia de babuinos, una cebra con su cría, una jirafa... Nadie en el campamento tallaba como Tinka, y él se sentía muy orgulloso de sus pequeños animales; ahora servirían para consolar a Wo de su marcha, porque Wo lloraría, estaba seguro.

A los pies de su madre dejó una piel curtida en la que había dibujado, con pintura roja y amarilla, una hermosa escena de caza. Era todo cuanto tenía.

Con pasos apresurados e inquietos se puso en marcha. En el campamento todo el mundo dormía, únicamente la luna velaba.

Anduvo durante todo el día esforzándose en no pensar en la mucha distancia que le separaba de las Montañas de la Sed, ni en los posibles peligros del camino. Solamente cuando el sol desapareció tras la línea enrojecida del horizonte, detuvo la marcha y buscó un lugar en el que pasar la noche.

En toda la jornada no se había encontrado con nadie, ni persona ni animal; y ahora, por más que esforzara la vista, no descubría otra cosa que no fuera soledad, ni oía más sonido que el de su respiración. Estaba completamente solo; pero de todas formas más valía tomar precauciones, así que, después de comer algunas de las resecas raíces que guardaba en su bolsa de viaje y absorber el jugo de uno de los bulbos, comenzó a excavar un hueco en la arena. No tenía que ser demasiado hondo ni demasiado ancho, bastaba con que pudiera guarecer a su cuerpo encogido.

No era la primera vez que Tinka se preparaba una cama de arena. Lo hacían todas las gentes del pequeño pueblo cada vez que viajaban para visitar otros poblados amigos. Por las noches el frío se adueñaba del desierto, y una buena forma de combatirlo era aprovechar el calor que la arena había acumulado a lo largo del día; además, también la arena le protegía del asalto de posibles enemigos, ya fueran animales o personas.

Mientras excavaba, Tinka pensaba en aquellos viajes que había realizado con la gente de su pueblo y en aquellos otros huecos de la arena. ¡Qué alegre era entonces la vida para todos! Él ahondaba y ahondaba, mucho más que los otros niños, se metía luego en el hoyo recién abierto y se tapaba con arena todo el cuerpo, excepto la cabeza, que cubría con ramas y hojas secas. Su madre fingía creer que él había desaparecido y que no lo vería nunca más.

«¡Ay, ay, pobre hijo mío, que se lo ha tragado la tierra…! ¡Ay, ay, tierra, devuélveme a mi querido Tinka! ¡Ay, ay…!».

Tanto lloraba su madre, que él acababa por salir y corría a echarse en sus brazos.

«¡Hijo mío, qué alegría me da verte de nuevo; a ver, a ver, enséñame tus brazos y tus piernas… Sí, sí, están aquí, no son raíces ni hojas, menos mal que la tierra no te ha convertido en planta…», exclamaba su madre dando gritos de alegría. Y él, oyéndola y mirándola, se moría de risa.

En cambio ahora, mientras excavaba en medio del inmenso desierto, no podía contener las lágrimas. ¿Y su madre, qué haría? ¿Pensaría en él? ¿Y su pequeña hermana Wo, estaría llorando todavía? Y su padre…, ¿dónde estaría su padre? ¿Volvería a verlo alguna vez más …?

Haciéndose dolorosas preguntas, se metió en el hoyo abierto en la arena y, como no halló ramas, se cubrió la cabeza con la capa de piel de antílope.

¡Qué silencio tan profundo y tan oscuro le rodeaba! De pronto comenzaron a oírse las terribles risas de las hienas. Estremecido, apretó el amuleto entre sus dedos y, cruzando los brazos sobre su pecho, se abrazó a sí mismo.

IV

Cuando despuntó el sol, Tinka se levantó de nuevo. Ante él tenía una inmensa llanura salpicada de acacias. Los matorrales casi habían desaparecido y apenas si se veían algunas manchas de hierba alta y amarillenta.

Caminó toda la mañana y, a medida que avanzaba, la hierba iba desapareciendo para ser sustituida, primero por una dilatada extensión de terreno cubierto de guijarros, y después por grandes grupos de rocas. De cuando en cuando descubría alguna pequeña charca completamente seca.

El niño miraba con profunda desconfianza a su alrededor. ¿Y si desde detrás de alguno de aquellos peñascos se le echaba encima un animal peligroso...?, ¿quién podría ayudarle si tal cosa llegara a suceder...? «Solo mi amuleto y mi arco», se respondió, marchando con todos los sentidos alerta. De repente oyó un agudo grito, y se detuvo paralizado por la inquietud y la sorpresa. ¿Qué era aquello? Parecía un niño asustado, pero ¿dónde estaba? Aguzó la vista cuanto pudo y no vio señal de campamento alguno.

Un nuevo grito se clavó en el hondo silencio del desierto, pero Tinka sonrió: ¡qué necio había sido! No era un niño el que gritaba, sino uno de esos dichosos babuinos que estaban en todas partes.

Siguió su camino diciéndose que seguramente se trataría de alguna cría a la que su madre estaba castigando; pero tenía que tratarse de una madre muy severa, porque un tercer grito sonó verdaderamente angustioso.

«Bah, ya se sabe, así son los babuinos...!», pensó, y siguió marchando.

Y de repente se topó con él: se hallaba subido en una roca, era muy pequeño y estaba espantado. Y tenía motivos para estarlo, porque a sus pies, gruñendo terribles amenazas, había cuatro ansiosas y feroces hienas.

Tinka despreciaba a los babuinos, por charlatanes y por escandalosos, pero aquel estaba solo y era tan chiquito...

—¡Eh, oye, no te bajes de esa roca; las hienas nunca atacan a los que son más altos que ellas! —gritó Tinka aproximándose. No le cabía ninguna duda de que el babuino le entendía—. ¡No tengas miedo, eh; pero no te bajes! —repitió.

El pequeño babuino dejó de gritar, las hienas se dieron la vuelta entre sorprendidas y furiosas y miraron a Tinka desafiantes: él era más alto, pero ellas eran cuatro... Sin embargo, el niño tenía manos y en el suelo había guijarros. Comenzó a arrojárselos mientras gritaba lo más fuerte que podía:

—¡Fuera, fuera, fuera!

Parecía un auténtico loco, y, además, tenía buena puntería...

Las hienas retrocedieron. Pero no se alejaron demasiado. Mientras, Tinka, sin perder de vista a las fieras, se fue acercando a la roca sobre la que estaba el monito. Y de pronto el babuino saltó a sus hombros y se abrazó tembloroso a su cuello.

Tinka hubiera querido alejarse de aquel lugar a toda prisa; pero, cada vez que lo intentaba, las hienas lo seguían trotando, y, como no se atrevía a darles la espalda, no tuvo otro remedio que caminar hacia atrás, y muy lentamente, porque tenía miedo de tropezar, pues, si caía, las odiosas hienas se echarían sobre él y, en ese caso, el pobre babuino estaba perdido.

—¡Fuera, fuera! —continuó gritando—. ¡Fuera, bichos repugnantes!

De pronto las hienas comenzaron a reír, y su inquietud aumentó. ¡Qué cerca las tenía...! Le ponía muy nervioso caminar tan despacio y con aquellos cuatro pares de ojos llenos de ira clavados en los suyos.

—¡¡Fuera!!

Y después de todo, ¿por qué no les entregaba al monito y continuaba la marcha rápida y tranquilamente? ¿No eran los babuinos los más desagradables y enredadores de todos los seres...? Sí, pero aquel pequeño solo lo tenía a él, y sentía los latidos de su corazón aterrorizado golpeando contra su cuello... ¿Cómo iba a abandonarlo...? Aunque, ¡qué cansado era marchar siempre hacia atrás y con tanta lentitud! ¡Y qué calor tenía! ¡Cómo deseaba hacer un alto y sentarse!

De cuando en cuando el babuino gemía abrazado a su cuello.

—¡No, no, si no pienso abandonarte! —le tranquilizaba Tinka.

Y de pronto una furia peluda y rugiente, en la que brillaban las blancas amenazas de unos largos y muy

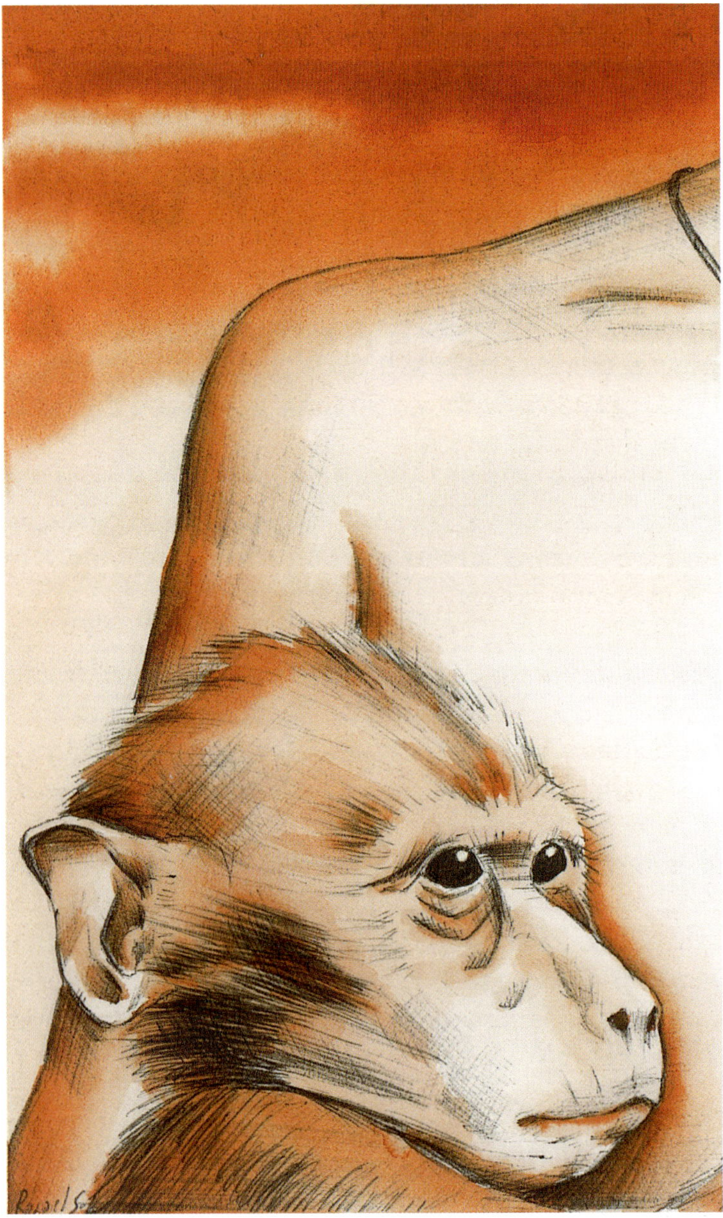

puntiagudos colmillos, apareció entre las rocas y se lanzó contra las hienas.

Unos instantes después los perros del desierto habían desaparecido, y un enorme babuino hembra se enfrentaba a Tinka con ojos relampagueantes de ira.

El niño tensó su arco, dispuesto a defenderse, pero no quería matar a la madre del pequeño monito:

—Anda, llévatelo, no le he hecho ningún daño, de verdad... Fue él quien saltó a mi cuello —explicó, siempre atento a los movimientos del enfurecido animal.

La hembra dudó unos momentos, como si no supiera si creer o no lo que estaba oyendo.

Menos mal que la cría, gritando de gozo, saltó del cuello de Tinka a los brazos de su madre. Ella lo acunó un momento, amorosamente, y enseguida se dio la vuelta, emprendiendo una veloz carrera.

Tinka se dejó caer junto a una roca y, con un suspiro de alivio, contempló cómo se alejaban. Y, de repente, se sintió invadido por la soledad. Ciertamente los babuinos eran animales ruidosos, maleducados y desagradecidos, ya lo sabía; pero ahora que el monito se había marchado, lo echaba de menos. Sinceramente, le hubiera gustado continuar el camino en compañía del pequeño. Quizá hubieran aprendido a entenderse; quizá, si se los conocía, los babuinos pudieran llegar a ser agradables, y de todas formas, aunque nunca llegaran a serlo, prefería marchar con alguien escandaloso a marchar solo.

Descansó durante un breve tiempo y reemprendió la marcha. Sentía la soledad con más fuerza que nunca. Caminó el día entero, sin detenerse ya hasta la atardecida. Después, un hueco en la arena y una noche más en la fría inmensidad del desierto. Y a la mañana siguiente, marchar de nuevo.

Poco a poco la llanura se fue ondulando, y los guijarros y las rocas dejaron paso a las rojizas dunas.

Tinka subió y bajó varias horas seguidas, hasta que no pudo más y se sentó en una suave ladera. Fue entonces cuando, en la distancia, vislumbró la alta y larga silueta de una cadena montañosa.

En un primer momento no hizo otra cosa que mirarlas sorprendido; pero, de repente, se levantó de un salto y contempló, con ojos de alegre asombro, el agudo picacho que se alzaba sobre todos los demás.

—El Dedo que apunta al Cielo… —susurró emocionado—. ¡El Dedo que apunta al Cielo! —gritó enseguida, echándose a rodar por una duna abajo.

Cuando se puso otra vez en marcha, había olvidado por completo el cansancio, sus pasos eran rápidos y animosos y se sentía tan contento y tan confiado como si fuera todo un cazador, casi un hombre.

—¡El Dedo que apunta al Cielo…! —canturreaba.

El Dedo que apunta al Cielo… Lo tenía al alcance de la mano, y, después de todo, la marcha no había sido tan penosa. Ahora solo le faltaba buscar a la Serpiente de las Aguas. Pero las Montañas de la Sed no se hallaban tan próximas como podría pensarse. Tinka caminó toda la mañana, sin detenerse ni siquiera una vez, y el Dedo que apunta al Cielo estaba siempre a la misma distancia. Peor aún, a medida que sus piernas se cansaban, le parecía que las Montañas y el Dedo se iban alejando. A veces era como si flotaran sobre la línea del horizonte, y a veces daba la impresión de que el elevado picacho se había partido por la mitad, mientras que otras parecía que hubiera dos dedos que señalan al Cielo. ¿Dos? ¿No serían tres…?

Atardecía sobre el desierto y el sol comenzó a hundirse, redondo y rojo, por detrás de aquellas montañas que estaban cada vez más lejos. Tinka se detuvo y se dejó caer pesadamente sobre la arena. Con manos torpes buscó en la bolsa de viaje algo de alimento: solo encontró una pequeña raíz y un bulbo más pequeño todavía… ¿Ya no quedaba nada más? ¿Pero cómo era posible? ¿Y mañana? ¿Qué comería y que bebería mañana?

Aquella noche se durmió oprimido por el miedo y la desesperanza. Sus sueños también fueron angustiosos y tristes; pero, mientras dormía, el viento comenzó a soplar sobre el desierto. Y primero reunió a las dispersas nubes y, después, las meció suavemente.

Al alba comenzó a llover, y, cuando Tinka despertó, su piel reseca ya absorbía ansiosa aquel agua benéfica que caía sobre ella.

El niño se sentó asombrado sobre la arena húmeda, y miró a lo alto: no podía creer que estuviera lloviendo. Cuando se convenció de que así era, abrió las manos y bebió, gozoso, en el cuenco de sus palmas. Después reanudó la marcha bajo la lluvia. Se preguntaba si sobre su poblado también estaría lloviendo. Se imaginaba la alegría de las gentes, los niños saltarían y gritarían de júbilo y los mayores se apresurarían en poner a las puertas de las chozas toda clase de recipientes. De todas formas, aunque no lloviera, ya no tenían que preocuparse, unos pocos días más y él estaría de vuelta con la Serpiente de las Aguas.

No llovió durante demasiado tiempo, quizá la mitad de la mitad de la mañana; pero fue suficiente para que Tinka recuperara casi todos sus ánimos y una gran parte de sus fuerzas.

Después de la lluvia el cielo quedó limpio y claro. Tinka sonreía mirando al frente, porque ahora el dedo que apuntaba al Cielo se recortaba sobre las Montañas de la Sed y volvía a parecer mucho más cercano.

V

Hacia el mediodía las dunas quedaron atrás, y los ojos de Tinka se detuvieron emocionados en un pequeño valle de hierba verde. ¿Cuánto tiempo hacía que la hierba no verdeaba para él...? Además, si la hierba estaba jugosa y crecida no le sería difícil hallar algunas plantas comestibles. Ya no tenía que preocuparse de su alimento. Y, de repente, su corazón comenzó a latir apresurado: Pero ¿era posible? ¿Aquello que veía moverse entre la hierba podía ser un antílope?

Lo era. Tinka puso una flecha en el arco y comenzó a marchar rápida y silenciosamente, ocultándose en la espesura de la pradera y saltando de trecho en trecho a la manera de las gacelas, tal como su padre le había enseñado; pero, poco después, se detuvo sorprendido: ¿qué le pasaba al antílope?. Vacilaba, sus pasos se volvían inseguros... Luego trataba desesperadamente de mantenerse erguido, y, por fin, las patas se le doblaban y daba con su cuerpo en el suelo. No cabía duda de que estaba herido; pero ¿dónde estaría el cazador? Tinka aguzó la mirada cuanto pudo tratando de descubrirlo. ¿Sería algún gran animal? ¿Un león o un leopardo...? Fuera como fuera, él no podía desaprovechar la ocasión de conseguir algo de carne;

la necesitaba, llevaba tres días alimentándose de forma insuficiente, y aún debía subir a las montañas y encontrar a la Serpiente de las Aguas.

Unos instantes después se hallaba arrodillado junto al cuerpo agonizante de un desdichado antílope, que tenía clavadas dos flechas en el cuerpo. Eran de un tipo que Tinka nunca había visto antes. «¿Y si fueran de los makololos?», se preguntó con enorme inquietud. Se respondió que lo más prudente era ocultarse y esperar. Además, el antílope estaba agonizando y cualquiera, ya fuera hombre o animal, tenía derecho a morir en paz sin que la sombra de otro ser le arrebatara sus últimos momentos de claridad. La maldición de Nadima caía sobre los que perturbaban la muerte de otro.

Se mantuvo inmóvil entre la alta y espesa hierba, hasta que el antílope expiró. Entonces, después de mirar con precaución hacia un lado y otro, se aproximó de nuevo al animal y cortó de su cuerpo una porción de carne, más o menos la que podía consumir en dos o tres días. Luego se alejó lo más rápidamente que pudo.

Su vacío y ansioso estómago le gritaba que se detuviera, pero Tinka caminó hasta el mediodía. Solo entonces se atrevió a hacer un alto para saciar su apetito. De la bolsa de viaje sacó el palo de hacer fuego, y a la sombra de una acacia se preparó un asado de carne de antílope.

Comió despacio, saboreando cada bocado; sin embargo su gozo no era completo, porque no podía dejar de pensar en la gente hambrienta de su pueblo, en su madre, en el anciano Wakawe, en su hermana, y en

Naukawe, su primo favorito. ¡Con qué gusto hubiera compartido su asado con ellos!

«Cuando yo regrese con la serpiente, ellos comerán carne todos los días», pensó contemplando aquel dedo de piedra que señalaba a lo alto. Con el estómago satisfecho, las fuerzas enteras y el ánimo alto se puso nuevamente en marcha.

A medida que avanzaba, la arena desaparecía cubierta por la hierba; ya no se trataba solo de una pequeña pradera o de un estrecho valle, sino de una amplia llanura cubierta de jugosa y verde hierba. De pronto le vinieron a la memoria unas palabras del anciano Wakawe: «Más allá de las rojizas colinas de arena, la tierra se vuelve fértil y el desierto se retira y casi desaparece; aunque aparece de nuevo, justo a la falda de las Montañas de la Sed. Pero antes de llegar a esas ásperas laderas, hay que atravesar la tierra de los terribles axudzi…».

El desierto se estaba retirando y las montañas se mostraban cada vez más próximas, por tanto la tierra de los axudzi también tenía que estar cercana, de manera que apretó con fuerza su amuleto y caminó con los pasos aun más cautelosos y los ojos todavía más atentos.

Al anochecer abrió un pequeño hoyo en la tierra y trató de dormir; pero no podía apartar de su mente a los terribles axudzi. Los axudzi odiaban a todos los hombres, porque pensaban que querían robarles el agua. Cuando llovía, las primeras aguas eran para ellos. Las absorbían con sus manos húmedas y las escondían en pozos hondísimos que abrían en las capas más profundas de la tierra. En la tierra había muchas capas: en las primeras arraigaban las plantas y los árboles, y en

recordaba perfectamente las palabras de Wakawe: «Una roca aguda y solitaria, en la cumbre de las montañas llamadas de la Sed, que se alzan al borde mismo del desierto, pasadas las colinas de arena rojiza... Un dedo que señala al cielo y que se dobla en la última falange». Bajo ella estaba; entonces, ¿por qué la Serpiente de las Aguas no acudía? ¿Sería que no le agradaba el sonido de las sonajas? Les gustaba a todas las serpientes, pero la de las Aguas era singular, única en el mundo; quizá sus gustos también fueran únicos.

«Puede ser que prefiera una canción», se dijo Tinka, y, alzándose, cantó para ella la canción más dulce que conocía.

La Serpiente de las Aguas no apareció, y Tinka le brindó la canción más alegre que conocía. Y como siguió sin aparecer, entonó la canción más triste que había oído en toda su vida. A pesar de eso, la Serpiente de las Aguas tampoco se dejó ver. Entonces Tinka llegó a dudar del anciano Wakawe: «¿Y si Wakawe se hubiera equivocado? ¿Y si la Serpiente no existiera?». Pero enseguida se avergonzó de sus pensamientos: el anciano Wakawe no se equivocaba, él era el guardián de los recuerdos más antiguos de la gente del pequeño pueblo y nunca hablaba por hablar. Wakawe medía sus palabras antes de pronunciarlas. Entonces, ¿qué era lo que pasaba...? Se le ocurrió de pronto: ¡ya estaba!, ¡tenía que ser eso!; pero ¿cómo era posible que no lo hubiera pensado antes? Lo que sucedía era que la Serpiente de las Aguas no quería salir de su secreto escondite porque aún tenía miedo a la Serpiente de Fuego. «Ella no sabe que se ha muerto», pensó Tinka, «y yo, en vez de comunicárselo, no hago más que asustarla cantando y alborotando», se dijo, mientras se aproximaba cuanto le era posible a la base del dedo que señalaba al cielo.

—La Serpiente de Fuego ya no puede hacerte ningún daño, murió hace mucho tiempo; llegaron las grandes lluvias y se ahogó —explicó con la más suave y amable de sus voces.

—¡Se ha muerto! —repitió algo más alto poco después, y por fin gritó—: ¡¡Te digo que se ha muerto!!

Pero, ni aun así, la Serpiente de las Aguas se decidió a salir.

Entonces, Tinka, lleno de rencor hacia ella, perdió la paciencia, a pesar de que esa era la virtud más apreciada por la gente del pequeño pueblo, y comenzó a insultarla y a golpear, desesperado, la roca dentro de la cual se ocultaba. Luego, con la intención de obligarla a salir, aunque fuera por la fuerza, introdujo su mano derecha en una de las grietas que se abrían en la piedra. No consiguió hallar a la serpiente, y, cuando quiso sacar la mano, no pudo hacerlo. La movió suavemente hacia un lado, la movió hacia otro, tiró violentamente de ella y volvió a moverla con suavidad, solo para comprobar que estaba firmemente aprisionada. Y, de repente, sus ojos se abrieron de par en par, horrorizados: acababa de recordar que los axudzi, a veces, salían del interior de la tierra por grietas abiertas en las rocas. Entonces su mente se nubló y sus piernas se convirtieron en dos débiles y quebradizas cañas; pero todavía hizo un esfuerzo por recuperar la calma: quizá no fuera eso, quizá fuera únicamente que la grieta era estrecha y su mano

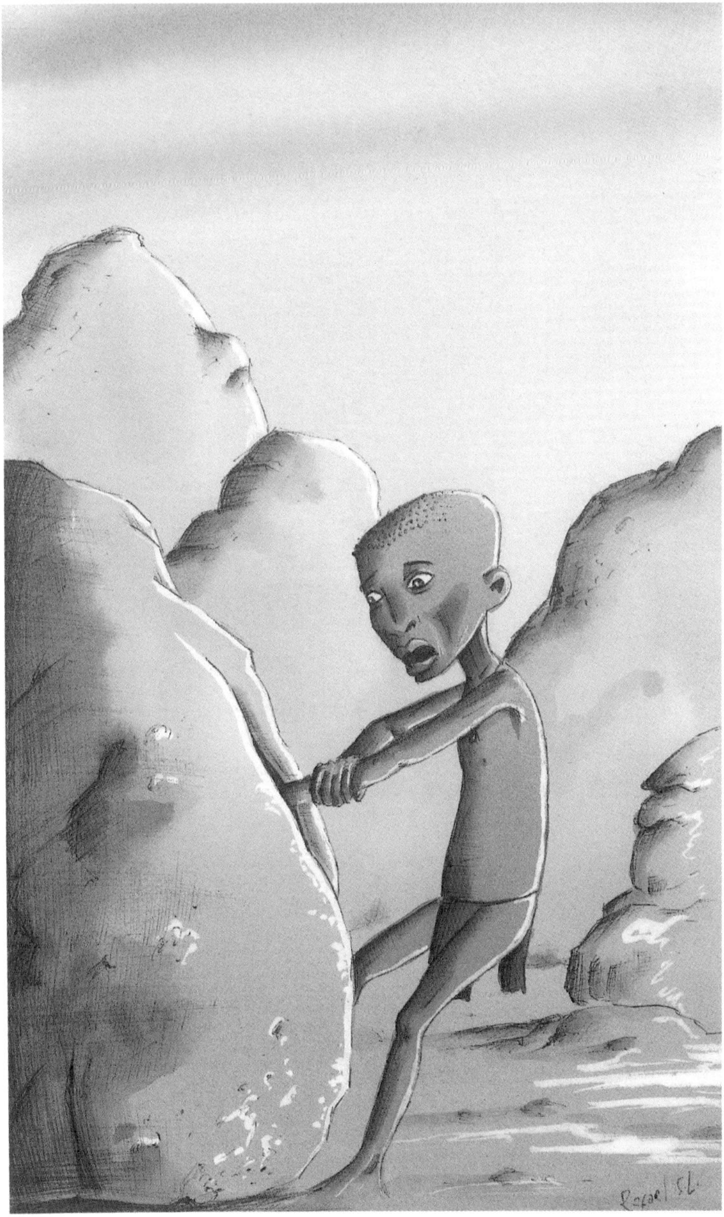

no sabía encontrar la salida… Lo que tenía que hacer era tranquilizarse. Se tomó unos instantes de reposo y respiró profundamente; fue entonces cuando sintió en uno de los dedos un doloroso y agudo pinchazo. El espanto le envadió. ¡Eran los terribles axudzi! Ya no había duda, aquellos seres monstruosos pensaban devorarlo…

Hubiera querido gritar y pedir auxilio, pero ¿a quién? No había nadie en las montañas, su defensa era él mismo y su sola ayuda su amuleto. Lo oprimió con fuerza con la mano libre. A pesar de su terror, a pesar de que el dolor de la mano prisionera iba en aumento, Tinka continuaba moviéndola suavemente en un intento de sacarla de la grieta. Pero todo fue en vano, no le era posible conseguirlo. Su mente acabó convirtiéndose en un espantoso caos de gritos sin voz y pensamientos horribles: los axudzi devorarían sus dedos uno a uno, y luego saldrían del interior de la tierra y se lo comerían vivo. Eso era lo que hacían con todos los niños, por eso desaparecían sin dejar rastro. No quedaría nada de su cuerpo, y, por tanto, además de morir, no recibiría sepultura, de modo que su espíritu no tendría descanso; nunca conseguiría llegar a los altos y hermosos campos de caza de Nadima. Sería un espíritu lleno de odio que vagaría por el desierto buscando a alguien a quien arrebatarle la razón.

Lágrimas ardientes resbalaban por sus mejillas mientra esperaba, aterrorizado e inmóvil, el próximo mordisco de los axudzi. Sin embargo, los axudzi no continuaron mordiéndole. Lo que Tinka comenzaba a sentir era un inmenso calor que, desde la mano, iba subiendo por su brazo hacia el hombro; y también sentía sequedad, una extraña sequedad que se apoderó primero de sus labios y después de toda su boca para acabar descendiendo desde la garganta hasta el pecho. Era como si aquella especie de incendio que se había iniciado en su mano, estuviera arrasando el interior de su cuerpo.

Poco después su cabeza comenzó a dar vueltas, sin que él pudiera hacer nada por detenerla. ¿Dónde acabaría llegando su cabeza...? Giraba y giraba... Terminaría por separarse del cuello. ¿Y la niebla? ¿De dónde procedía aquella espesa y oscura niebla que iba envolviéndole...? ¿Y aquellos extraños y horribles seres que flotaban dentro de ella? ¿Serían los axudzi? Unos eran mitad león y mitad insecto, y otros tenían unas enormes cabezas de sapo y patas peludas y repugnantes; muchas, muchísimas patas... Algunos tenían también alas de murciélago y se echaban a volar agitando el aire ante su rostro... Y todos le miraban con malignos y codiciosos ojos.

Dentro de la mente de Tinka el espanto amenazaba con estallar. Y eso fue lo que debió suceder, porque, de pronto, se sintió impulsado por una fuerza enorme, todo se rompió a su alrededor, y su cuerpo, liberada al fin la mano, salió despedido por los aires. Primero subió, para luego ir a caer, vertiginosamente, en un pozo que no tenía fondo.

* * *

Dos días permaneció Tinka sumido en un profundísimo sueño. Cuando, al amanecer del tercer día, comenzó a volver en sí, no sabía dónde estaba ni qué le había sucedido; pero, poco a poco, recordó, espantado, a los terribles axudzi... ¿Estaría entonces en el fondo de la tierra? ¿Y cómo era que no le habían devorado todavía?

Le daba miedo abrir los ojos; pero cuando, al fin se decidió a hacerlo, todo lo que alcanzó a ver fue una débil y difusa claridad. Era como si, sobre sus ojos, hubiera una suave piel que los velara.

—Descansa tranquilo, el peligro ya ha pasado — susurró alguien junto a él.

Su voz sonaba amable, y Tinka, sorprendido, intentó incorporarse; pero sus fuerzas no le respondieron, y, además, le dolía espantosamente la cabeza.

—Los axudzi... ¿dónde están los axudzi? Me rodeaban, y uno de ellos aprisionó mi mano en el interior de la grieta y luego me mordió. Por favor, no dejes que se acerquen, quieren devorarme —casi gritó Tinka con creciente agitación.

—Cálmate, no te mordió ningún axudzi, tu mano se quedó apresada en la grieta y un escorpión te clavó su aguijón. Fue su veneno el que te hizo ver monstruosos seres inexistentes y, después, te privó del conocimiento. Has estado muy enfermo; pero, por suerte, te encontré a tiempo. Tu naturaleza es fuerte, y yo sé algo de la medicina de las plantas —explicó la persona que se encontraba a su lado y, luego, le acercó a los labios una bebida dulce y refrescante.

Poco a poco la oscuridad comenzó a disiparse, y de los ojos de Tinka cayó aquella especie de piel suave que se los velaba. Entonces el niño acertó a ver que ante él tenía a un hombre de piel oscura y cuerpo grande. Con sobresalto recordó que las Montañas de la Sed estaban en el territorio de caza de los makololos. Pero no, aquel hombre no podía ser uno de ellos; si lo hubiera sido, él ya estaría muerto.

—¿Quién eres? —preguntó.

El hombre le miró un momento y, durante unos instantes, no respondió.

—Duerme —dijo después, y volvió a aproximar a sus labios la bebida dulce y refrescante.

VII

Tinka durmió durante toda la mañana, y su sueño fue tranquilo y benéfico. Cuando despertó, le había desaparecido el dolor de cabeza. Su primera sensación fue de bienestar; la segunda, de agradable asombro: ¿de dónde procedía aquel apetitoso olor a carne asada?

Se incorporó, a medias, sobre la piel de cebra en la que descansaba y observó, con satisfacción, que el hombre alto y de piel oscura daba vueltas sobre el fuego a una pierna de antílope.

—Espera un poco, ya casi está —dijo el hombre amablemente, y el estómago de Tinka comenzó a dar saltos de impaciente alegría.

Mientras esperaba que la carne estuviera asada del todo, el niño miró a su alrededor: se hallaba en el interior de una amplia cueva excavada en la roca, sobre cuyo suelo estaban extendidas varias hermosas pieles de antílope, cebra, gacela... Además de eso descubrió una gran cantidad de ollas, jarras y cuencos de barro cocido decorados con vivas y brillantes pinturas de animales. También había cestos en la cueva, grandes cestos de hierbas trenzadas rebosantes de frutos y bulbos comestibles... Durante toda su vida Tinka jamás había visto riquezas semejantes, ni siquiera había imaginado que alguien pudiera tenerlas.

—¿Quién eres? —volvió a preguntar.

Como única respuesta, el hombre puso ante él un crujiente y dorado trozo de carne, y, en ese momento, al niño dejaron de interesarle todas las otras cosas del mundo.

Después de comer, saboreó aquella bebida refrescante que sabía a frutas maduras, y casi inmediatamente volvió a quedarse dormido.

Dos días más permaneció Tinka en la cueva, y durante esos dos días no hizo otra cosa que comer y dormir. Era curioso, dormía muchas horas y, sin embargo, siempre tenía sueño.

—Dormir es la mejor de las medicinas —decía el hombre alto.

Pero Tinka no podía entender qué era lo que le obligaba a cerrar los ojos, poco después de haberlos abierto.

El secreto estaba en cierta flor pequeña que el hombre alto mezclaba con la bebida que sabía a frutas. Era eso lo que le producía largos y dulces sueños, y lo que le impedía pensar en su pueblo y en la tristeza de no haber podido encontrar a la Serpiente de las Aguas.

Sin embargo, pasados dos días, Tinka recuperó las fuerzas por completo y, sentándose sobre la piel de cebra, miró al hombre alto cara a cara.

—¿Quién eres? —preguntó por tercera vez.

—Antes era un cazador, un guerrero; ahora no sé quién soy; pero los otros aseguran que soy un fantasma, un muerto viviente —respondió el hombre inesperadamente—. Y ahora vete, ya tienes las fuerzas suficientes —añadió, señalando la entrada de la gruta—. Estoy acostumbrado a ver el miedo reflejado en todas las miradas... —susurró luego, como hablando consigo mismo, y en su voz había una sombra de tristeza.

Pero no era miedo lo que se reflejaba en la mirada de Tinka, sino el más completo y profundo de los asombros.

—Vete, no voy a hacerte daño —repitió el hombre alto.

Pero Tinka no se movió, y el hombre preguntó con extrañeza:

—¿No estás asustado?

El niño no respondió enseguida. Él nunca había pensado que los muertos vivientes fueran así; realmente jamás había pensado en los muertos vivientes, en lo que sí pensaba, y con temor, era en los muertos muertos, en los que no comían ni bebían. Pero aquel hombre no lo era, o por lo menos no lo parecía. Y, además, lo había cuidado con tanto esmero... ¡y qué exquisita carne le había preparado...!

—¿No estás asustado? —preguntó nuevamente el hombre; y ahora su voz, además de extrañada, también sonaba ansiosa.

Cuando Tinka movió la cabeza diciendo que no, sus ojos brillaron y en su boca se dibujó una larga sonrisa; era la primera vez que sonreía desde hacía más de diez años.

Pero el niño continuaba mirándolo con estupor, como si no pudiera acabar de creer lo que había oído, de modo que el hombre comenzó a contarle una extraña historia:

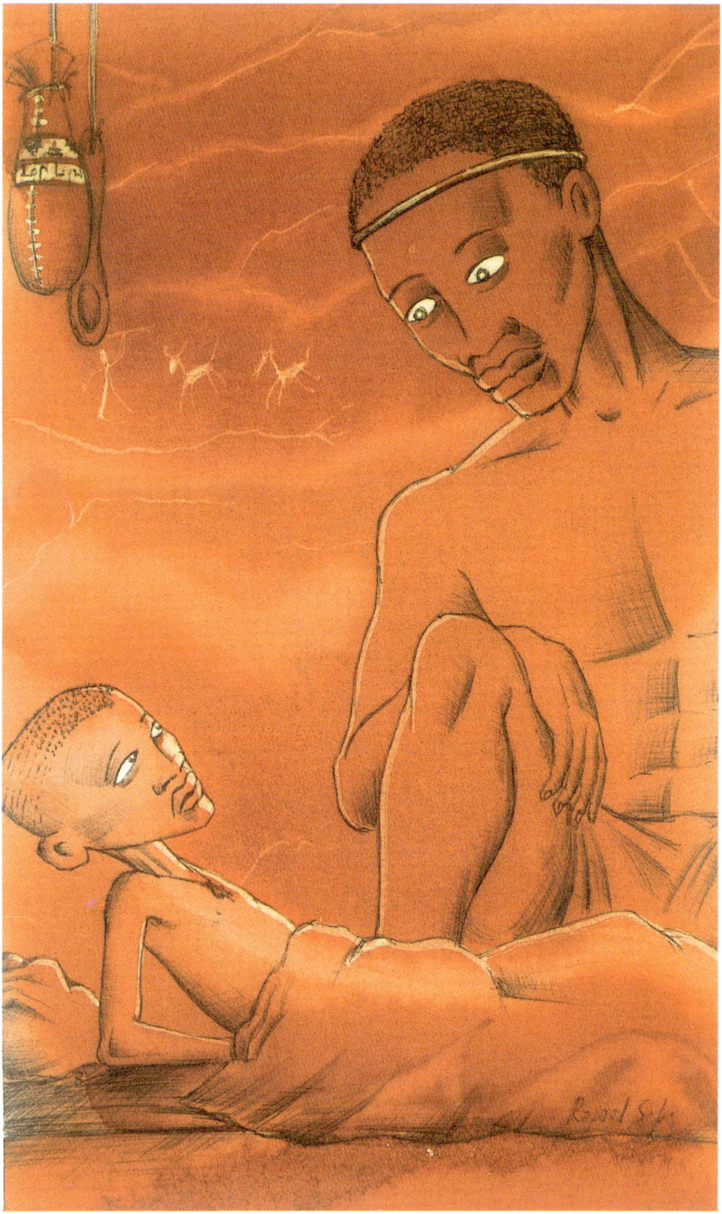

«—Hace algunos años yo era feliz. Tenía padres, hermanos, amigos..., y también tenía una bella y joven esposa; sin embargo, cierto día todo cambió: andaba, con otros cazadores, cerca del lago Ngami, observando la presencia de los animales más grandes. Quizá nos acercáramos demasiado, o puede que nuestras voces sonaran muy alto, el caso fue que los rinocerontes se alteraron e iniciaron la huida. Atropelladamente corrieron hacia donde nosotros estábamos; corrimos nosotros también, atemorizados, y a mí me tocó la peor suerte, porque tuve la desgracia de tropezar y uno de los animales me arrolló. Recuerdo el sonido de trueno de sus patas y un enorme golpe. Y después, todo se oscureció y yo perdí el sentido. Cuando lo recobré, no podía moverme ni tampoco podía ver; pero sí podía oír las voces de mis compañeros y notar el roce de sus manos sobre mi cuerpo. Uno de ellos puso una de sus orejas sobre mi pecho y escuchó durante algún tiempo, después se alzó y dijo:

»—Su corazón ha dejado de latir.

»Los otros también se inclinaron y escucharon:

»—Tienes razón, su corazón ya no habla. Ha muerto —dijeron.

»Quise gritar, pero mis palabras no tenían sonido.

»—Se ha hecho tarde, dejémoslo al abrigo de las rocas y mañana regresaremos para enterrarlo —añadieron después, y me dejaron solo.

»Cuando mis compañeros se alejaron, me sentí invadido por la soledad y por la tristeza: "Así que la muerte era esto, oscuridad, quietud y silencio", pensaba desesperado.

»Aquella fue una noche larga y dolorosa, y eso me sorprendía porque yo siempre había creído que los cuerpos muertos no sentían nada, ni dolor, ni hambre ni frío... "Será porque aún no estoy enterrado; cuando mi cuerpo repose en tierra, mi espíritu descansará y no sentiré ningún tipo de dolor", me decía a mí mismo mientras esperaba a la mañana.

»Al fin oí voces y comencé a debatirme entre la alegría y la tristeza. Estaba alegre porque iba a marchar al lugar en el que viven los buenos espíritus, pero también estaba triste porque iba a dejar para siempre a todos los que amaba. Si pudiera abrazarlos por última vez...

»Sin embargo, los que se acercaban no eran gentes de mi pueblo, porque hablaban una lengua que yo no conocía. A pesar de eso, se detuvieron ante mí y me llevaron con ellos.

»El dolor de mi cuerpo fue enorme, pero el de mi espíritu aún fue mayor. Tan grande llegó a ser, que no pude soportarlo y de nuevo perdí el conocimiento.

»Cuando lo recuperé, me hallaba en un lugar extraño y blanco. Esta vez con el conocimiento también recuperé la vista y el sonido de mis palabras, pero continuaba creyendo que estaba muerto. Como te digo, el lugar era blanco, y blanco el lecho en el que me hallaba; y también eran blancos los rostros de las gentes que me rodeaban. Entre ellas había alguien que conocía la lengua de mi pueblo. Era un hombre de ojos bondadosos, que se afanaba poniendo emplastos sobre mi piel.

»—¿Por qué te molestas en aliviar un cuerpo que está muerto? —pregunté—. Entiérralo para que mi espíritu descanse.

»El hombre bondadoso rio bondadosamente y dijo:

»—Tu cuerpo no está muerto. Nosotros le hemos conservado la vida para que tu espíritu viva en él y sea dichoso.

»—Mi cuerpo está muerto, porque mi corazón no se mueve —insistí yo.

»Entonces el hombre tomó mi mano y la puso sobre mi corazón, y yo sentí claramente sus latidos.

No entendía cómo un corazón que se detiene puede volver a marchar; pero, fuera como fuera, yo estaba vivo y me alegraba de ello.

»Aún tuvieron que pasar tres largas lunas hasta que recuperé todas mis fuerzas. Anhelaba volver a mi poblado y abrazar a mis padres, a mis amigos y a mi amada esposa. Me reía solo, imaginando el asombro de sus ojos cuando me vieran... Por fin los hombres blancos me dijeron que estaba lo suficientemente fuerte como para ponerme en marcha, y eso hice después de agradecerles cuanto habían hecho por mí.

»Tras dos días de camino, me aproximé al poblado. Primero encontré a unos niños que jugaban. Los llamé jubiloso y alcé los brazos para saludarlos, pero ellos gritaron y huyeron.

»Al oír los gritos de los niños, las mujeres salieron de las chozas.

»—Soy Xuma, ¡he vuelto! —les dije, pero ellas gritaron y corrieron, todas; también mi madre y mi esposa.

»Ante los gritos de las mujeres y de los niños, acudieron los cazadores y, divisándome, me miraron espantados y huyeron; también mi padre y mis amigos.

»—¡No huyáis, esperad, deteneos, soy yo, Xuma, vuestro compañero! ¡He regresado a casa! —les grité, y fui tras de ellos.

»Pero los cazadores se arrojaron a mis pies y me suplicaron que no los atormentara, porque ellos no eran los culpables de la desaparición de mi cuerpo. Al escucharlos, entendí que me tomaban por un espíritu vengativo.

»Sonriendo, les alargué mis manos abiertas:

»—¡Estoy vivo! ¡Vedlo, parecía muerto, pero no lo estaba; tocad si queréis...! Ellos me miraron con asombro, pero no avanzaron ni un solo paso hacia mí; ninguno, ni tampoco mi padre o mis amigos.

»Yo insistí:

»—He vuelto, estoy vivo...

»—Tu corazón había dejado de latir... —susurró, tembloroso, uno de los cazadores jóvenes.

»—Puse mi oído sobre tu pecho y no escuché su sonido —añadió otro.

»—Mi corazón se detuvo, pero la medicina de los hombres blancos hizo que marchara de nuevo —les expliqué.

»Cuando oyeron mis palabras, el temor de mis compañeros aumentó:

»—Entonces eres un muerto viviente, ¡un fantasma! Por favor, aléjate de nosotros y no atraigas la maldición de los dioses sobre tu pueblo —rogaban estremecidos.

»Una profunda tristeza se apoderó de mi espíritu y me alejé para siempre.

»Desde aquel día vivo solo; pero, ya ves, no me falta de nada. No necesito cazar para alimentarme ni para cubrir mi cuerpo. La gente de mi pueblo me proporciona comida y ropas, y además otras muchas cosas que no son necesarias. A cambio esperan que no me acerque al poblado ni a los territorios de caza.

Todavía me tienen miedo y no quieren verme, todos sus obsequios los depositan a unos pocos pasos de la cueva, y siempre durante la noche. Yo nunca me aproximo a ellos, ni siquiera voy al otro lado de la montaña; pero, cada atardecer, subo a la cumbre y, en la distancia, contemplo el fulgor de los fuegos que ellos encienden».

La voz del hombre se apagó en un murmullo y sus ojos fueron a clavarse en el suelo de la gruta.

—Pues yo no te tengo miedo, ni siquiera creo que seas ningún muerto —dijo Tinka con firmeza, y el hombre alto sonrió por segunda vez en un solo día.

VIII

Durante unos momentos Tinka y el hombre alto permanecieron contemplándose en silencio, y por fin el hombre dijo:

—Y ahora te toca hablar a ti; dime, ¿quién eres y de dónde vienes?

Al escuchar sus palabras, Tinka se levantó de un salto. Acababa de recordar que su pueblo se moría de hambre y sed.

—¿Sabes dónde ha ido a esconderse la Serpiente de las Aguas? ¡No estaba debajo del dedo que apunta al cielo...! —preguntó con palabras angustiadas.

El hombre le miró sorprendido, sin entender ni una sola palabra de lo que oía, de modo que el niño no tuvo otro remedio que contarle la historia de la serpiente, y cómo él, que era el guardián del campamento, había salido a buscarla porque su pueblo la necesitaba...

Cuando de nuevo se hizo el silencio, el hombre alto miró largamente a Tinka, primero con ojos de admiración y luego con ojos de tristeza: admiraba el valor de aquel niño y no sabía cómo ayudarle... Pero de pronto, y como pensando en voz alta, dijo algo que devolvió la esperanza a Tinka:

—Quizá esa Serpiente de Agua esté aún debajo del Dedo que apunta al Cielo, aunque por el otro lado de la montaña...

—¡Vamos! —gritó el niño corriendo hacia la salida de la cueva.

No se detuvo hasta llegar a la cima, junto al dedo que apuntaba al cielo. Su mirada, asombrada, se echó a rodar por la otra ladera de la montaña. ¡Y qué necio había sido! Era allí, únicamente allí, donde tenía que vivir la serpiente.

El otro lado estaba completamente cubierto de espesa y suave hierba, salpicada de alegres arbustos florecidos. En toda su vida había visto Tinka un verdor semejante. Y no era solamente eso, porque, justo en las faldas de la montaña, se abría la más enorme de las charcas rebosante de agua limpia, brillante y transparente.

«A su paso nacen los ríos y los arroyos, y todo florece», había dicho el anciano Wakawe. A la fuerza la Serpiente de las Aguas tenía que haber pasado por allí. La buscaría, volvería a llamarla enseguida...

Pero la montaña era demasiado empinada y parecía muy peligroso tratar de llegar al otro lado rodeando el Dedo que apuntaba al Cielo. «Tendré que bajar y volver a subir de nuevo», pensó Tinka con impaciencia.

—Conozco un camino mucho más corto y más sencillo —dijo el hombre alto, adivinando su pensamiento, mientras le alargaba la manta de piel de antílope, la bolsa de viaje y el arco y las flechas que él había olvidado recoger.

Se pusieron en marcha inmediatamente, bajando, más o menos, hasta la mitad de la ladera, y, desde allí, siguieron entre rocas, siempre hacia la derecha, hasta que el hombre alto se detuvo y señaló el estrecho sendero que se iniciaba entre dos piedras gemelas:

—No lo dejes y te conducirá al otro lado —dijo.

—Acompáñame —pidió Tinka.

—La gente de mi pueblo vive en las orillas del lago Ngami, pero son cazadores y se mueven por todas partes. No quisiera encontrarme con ellos y ver nuevamente el temor reflejándose en sus ojos —explicó el hombre alto, y luego, en señal de despedida, tendió su mano a Tinka.

Durante unos momentos los dedos grandes y oscuros del hombre, y los pequeños dedos de color arena del niño, permanecieron unidos.

—A orillas del lago Ngami viven algunos otros pueblos, además del mío. Cuida de ti mismo y ocúltate cuando alguien se acerque, hay gentes que son grandes enemigas de las del pequeño pueblo —dijo el hombre alto.

—Ya lo sé —contestó Tinka—. Hablas de los makololos. Ellos nos odian y nos desprecian. Dicen que somos miserables de cuerpo y de espíritu, pero eso no es cierto.

—No lo es, pero cuídate de ellos. Los conocerás porque adornan sus cabezas con enormes penachos de plumas de avestruz, y porque en sus escudos de piel hay pintado un leopardo rojo en actitud de saltar.

Los dedos del hombre y del niño se desunieron.

—Tengo que irme —susurró Tinka con pesadumbre.

—Que los buenos espíritus te protejan —dijo el hombre, y rápidamente se dio la vuelta y comenzó a alejarse.

Tinka otra vez estaba completamente solo. Hubiera querido gritar: «¡No te vayas, espérame!». Sin

embargo, apretó su amuleto con fuerza y se adentró en el estrecho sendero.

Al otro lado de la montaña había tal cantidad de arroyos y riachuelos y el agua cantaba tan alegremente, que Tinka comenzó a sonreír subiendo hacia la cumbre.

Con el corazón palpitante se ajustó a los brazos y a los tobillos los cascabeles de capullos de mariposa, y otra vez se empeñó cuanto pudo en brincar y agitarse para que la serpiente los oyera y se diera prisa en aparecer.

La Serpiente de las Aguas no debía de hallarse en su refugio de la cumbre, sin embargo Tinka no se inquietó. Estaría en cualquier otra parte, pero una cosa era segura: la serpiente tenía que vivir allí, no había más que ver cómo estaban las laderas de verdes y florecidas.

Bajó y subió la montaña varias veces, haciendo sonar sus cascabeles de danza. Luego se llegó hasta las orillas del gran lago Ngami, porque también allí podía estar la serpiente, y aun continuó por una amplia llanura en la que la hierba era tan alta que le llegaba hasta más allá de la cintura. Y de pronto se detuvo, sorprendido: ¿de dónde había salido aquella juguetona y solitaria figurilla de piel brillante y oscura?; ¿cuántos años podía tener el niño que brincaba entre la hierba persiguiendo a una bandada de pájaros?, ¿cuatro?, ¿cinco? Y, ¿dónde estaría su madre? Porque era seguro que el pequeño se había decidido a correr aventuras por su cuenta.

A Tinka le hubiera gustado salir a su encuentro y jugar con él. Hacía tanto tiempo que no jugaba... Pero ¿a qué pueblo pertenecería...? Y si aquel niño fuera un pequeño makololo, ¿qué haría su madre cuando lo encontrara jugando con alguien del pequeño pueblo...? Mejor sería que se ocultara entre la hierba y se conformara con observarlo.

Estaba contemplando sonriente los alegres saltos del niño cuando, de pronto, observó con horror que una leona se aproximaba lenta y cautelosamente, agazapándose entre el espesor de la hierba. Giró la cabeza con angustia, buscando con la mirada a alguien que pudiera prestar ayuda al pequeño: una mujer corría hacia él enloquecida, pero estaba demasiado lejos.

El corazón de Tinka golpeaba dolorosamente contra su pecho, avisándole de que tenía que hacer algo... Con manos temblorosas comenzó a preparar el arco; pero ¿y si erraba el tiro? Todavía no era un cazador demasiado experto, y además se hallaba muy agitado.

La leona estaba cada vez más cerca. Tinka disparó y falló el tiro. Sin embargo, el animal se detuvo y olfateó en el aire. Seguramente habría oído el silbido de la flecha sobre su cabeza y querría saber de dónde procedía el disparo, pero no había ninguna duda de que enseguida volvería a reanudar la marcha. No se podía perder tiempo, de modo que Tinka apretó su amuleto y corrió a cruzarse en su camino. Con una mano agitaba el arco y con la otra blandía su palo de cazar; era un arma afilada, aunque únicamente podía ser arrojada cuando se estaba muy cerca. Pero Tinka, además, tenía sus gritos y sus saltos; sus enormes gritos, con los que pretendía hacer creer a la leona que era alguien muy peligroso, y sus ágiles saltos de gacela, que le hacían estar ahora aquí y enseguida allí.

La leona lo miró unos instantes, sorprendida, y desvió su marcha hacia la derecha; hacia la derecha saltó Tinka. La leona giró luego hacia la izquierda, y hacia la izquierda giró también Tinka. La leona volvió a detenerse, y Tinka gritó con furia.

Y mientras tanto, la mujer, que había conseguido llegar hasta el niño, lo tomó en brazos, dio la vuelta y emprendió la huida. Al animal debieron parecerle presas más sencillas que aquel extraño ser que gritaba tan furiosamente, y se dispuso a seguirlos. Entonces a Tinka no le quedó otro remedio que intentar un nuevo disparo, que esta vez no erró. No fue mortal, pero sí suficiente para quebrar la carrera de la leona.

Tinka escuchó un rugido de dolor y, con profundo alivio, observó cómo el animal se alejaba con una flecha clavada en una de sus patas delanteras. Enseguida el niño inició una alegre y desaforada danza de victoria; pero su júbilo solo duró unos instantes, justo hasta que comenzó a oír los gritos de algunos hombres que se acercaban. Eran guerreros altos y de piel oscura, y Tinka advirtió, con horror, que adornaban su cabeza con altos tocados de plumas de avestruz, y de que con una mano empuñaban una larga lanza y con la otra un escudo de piel en el que había pintado un rojo leopardo en actitud de saltar.

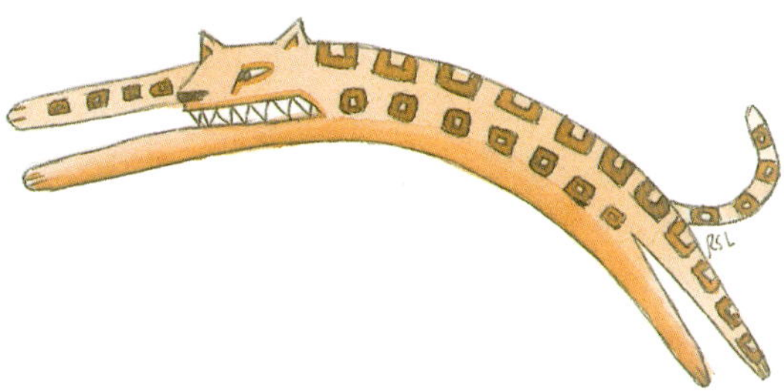

IX

Tinka corría, casi volaba, empujado por el miedo. Los terribles makololos le perseguían, y estaban tan próximos que, a pesar de que los latidos de su corazón retumbaban en sus oídos como si fueran truenos, podía entender lo que gritaban: «¡Detente, no queremos hacerte daño!». Eso era lo que decían sus labios, sin embargo el niño no creía en la verdad de sus palabras.

Pero de pronto se detuvo y, dándose la vuelta, preparó su arco y les hizo frente: «De todas formas van a alcanzarme y no deseo morir huyendo», pensó. Los makololos se detuvieron también:

—¡No vamos a hacerte daño! —repitieron, y, uno a uno, arrojaron a sus pies sus lanzas y sus arcos; y luego, protegidos únicamente por sus escudos de piel, se fueron acercando y, formando un círculo alrededor del niño, comenzaron a cantar mientras danzaban. El suyo no era un canto de guerra, sino de gozosa bienvenida.

Tinka bajó su arco y los miró perplejo. No comprendía lo que estaba sucediendo: ¿no eran los makololos los mayores enemigos del pequeño pueblo de los arbustos? Al menos eso era lo que le habían dicho, primero el anciano Wakawe y después el muerto viviente de la cueva.

Mientras los guerreros danzaban, una extraña comitiva comenzó a descender por la pequeña colina tras la que había desaparecido la madre con su hijo en brazos: hombres, mujeres y niños rodeaban a una figura singular que montaba sobre una cebra mansa y se cubría con una hermosa piel de leopardo. También eran muy hermosos el tocado de plumas que adornaba su cabeza y los collares de huesos y garras que colgaban de su cuello.

Cuando el hombre que cabalgaba y sus acompañantes se detuvieron junto a los danzarines, los ya admirados ojos de Tinka se abrieron de par en par.

—Desde la distancia hemos visto cómo has salvado la vida de mi hijo poniendo la tuya en peligro. Aunque pertenezcas a la gente del pequeño pueblo, tu corazón es valeroso, y yo he contraído una deuda de gratitud contigo. El rey de los makololos no olvida, desde hoy tus amigos son mis amigos y tus enemigos son mis enemigos. Y ahora, acompáñame al poblado para que pueda demostrarte con hechos la gratitud que mis palabras han expresado.

Así habló, dirigiéndose a Tinka, el hombre que montaba la cebra. Cuando él calló, los guerreros, las mujeres y los niños estallaron en gritos de entusiasmo y, tomando al asombrado y sonriente Tinka de las manos, se pusieron en marcha.

El poblado de los makololos se apoyaba sobre las faldas de una cadena de suaves montañas y tenía al frente las verdes orillas del lago Ngami, en las que permanentemente pastaban grandes rebaños de animales. Las chozas de los makololos, que eran más numerosas y mucho más grandes que las de las gentes del pequeño pueblo, estaban dispuestas alrededor de un enorme baobab, bajo el cual se alzaba la más amplia de todas. Era la choza común, que no pertenecía a nadie y pertenecía a todo el mundo.

Precisamente en ella invitó a entrar el rey a Tinka, y, haciéndole sentar a su lado, ordenó que le trajeran toda clase de frutas. Tantas eran y tan apetitosas, que el niño comía con los ojos al mismo tiempo que con la boca. Y cuando ya le fue imposible tomar ni un bocado más, el rey le preguntó, con mucha amabilidad, que dónde estaban los guerreros del pequeño pueblo y por qué causa se habían acercado al territorio de los makololos; y por último, añadió:

—Ve y diles que, desde ahora, los antiguos rencores quedan olvidados, y que si ellos no hacen hablar primero a sus armas, las nuestras permanecerán calladas.

Cuando Tinka le respondió, tristemente, que no sabía dónde estaban los hombres de su pueblo y que él se encontraba completamente solo, los ojos del rey se agrandaron de asombro y fueron a clavarse en los suyos, intentando leer en ellos. ¿Cómo era posible que un niño, todavía pequeño, se atreviera a cruzar solo la enorme y ardiente extensión del desierto? Esta era la pregunta que había en la mirada del rey de los makololos.

Entonces Tinka, advirtiéndole, habló, por segunda vez en aquel día, del hambre y la sed de la gente de su pueblo, y de cómo, a la marcha de los cazadores, él se había convertido en el guardián del campamento; y luego, ansiosamente, preguntó a los makololos si sabían dónde podía hallarse la Serpiente de las Aguas, porque su esperanza estaba en llevarla de vuelta a su poblado.

 13-2-15

Pero ni el rey de los makololos ni nadie de su pueblo había oído jamás hablar de aquella extraña serpiente, y eso sí que no lo entendía Tinka. Por eso insistió:

—Pues a la fuerza tiene que vivir aquí, porque donde ella vive vive también el agua, la hierba verdea todo el año y la caza nunca se aleja. Y eso precisamente es lo que sucede en vuestro territorio.

—Pero hay otros muchos lugares en los que el agua vive, la hierba está verde durante todo el año y la caza nunca se aleja —dijo el rey.

—¿Muchos lugares? —preguntó Tinka perplejo.

—Muchos.

—¿Y cuánto tiempo tardaré en recorrerlos todos?

—Si te empeñas en recorrerlos todos, tardarás mucho más tiempo del que separa un invierno de otro invierno.

Oyendo las palabras del rey de los makololos, a Tinka se le metió en el corazón una tristeza tan honda que se dejó caer a tierra y sollozó desesperadamente.

El rey lo miró desconcertado, y luego miró a sus guerreros; pero tampoco a ellos se les ocurría qué hacer ni qué decir para consolarlo. Hasta que la mujer del rey, la madre del niño a quien Tinka había salvado, se arrodilló junto a él, lo tomó en brazos y comenzó a hablarle dulcemente:

—Puede ser que esa serpiente de la que hablas esté en cualquier parte, pero te ayudaremos a buscarla. Somos muchos y, si marchamos unos hacia un lado y otros hacia otro, acabaremos encontrándola.

Tinka sonrió entre lágrimas y, levantándose enseguida, reanudó la búsqueda.

Durante tres días enteros, todos los makololos que podían moverse ayudaron a Tinka a buscar la serpiente. Al cuarto día la tristeza volvió a apoderarse del corazón del niño.

—Quizá lo que suceda sea que la Serpiente de las Aguas ya haya muerto. Todos los seres vivos acaban muriendo —dijo el rey de los makololos. Y enseguida añadió—. Pero la gente de los arbustos no morirá de hambre. Mira, cruza el desierto, regresa con los tuyos y diles que pueden venir a instalarse en nuestros territorios. Las praderas son muchas y hay caza de sobra para todos. No nos molestará vuestra presencia. Nos equivocamos despreciándoos, porque ahora sabemos que un cuerpo pequeño también puede albergar un espíritu grande.

Al oír las palabras del rey, el corazón de Tinka se inundó de agradecimiento; pero su tristeza no disminuyó:

—Es demasiado tarde —susurró—. Cuando salí del campamento, los niños ya lloraban de hambre. Aunque me diera mucha prisa en volver y los encontrara todavía con vida, ellos no tendrían las fuerzas necesarias para atravesar la tierra que quema, ni mucho menos para subir y bajar las rojas dunas que se amontonan ante las Montañas de la Sed.

En cuanto el rey escuchó lo que Tinka había dicho, se puso a dar órdenes: mandó que llenaran todos los pellejos de agua que había en el poblado, que metieran toda clase de frutas en cestas y bolsas de viaje y, también, que reunieran cuantas piezas de caza pudieran encontrar.

Cuando todo estuvo preparado, ordenó a los más rápidos de sus hombres que inmediatamente cargaran con todo y se pusieran en marcha hacia el lugar del desierto en el que vivía la gente del pequeño pueblo. Luego montó en su cebra mansa y, alzando a Tinka, lo sentó ante él.

Durante unos momentos Tinka se sintió el niño más feliz del mundo: regresaba a casa con agua y alimentos y, además, cabalgando sobre una cebra, ¡sobre una cebra dócil! Cuando la pequeña Wo, su primo Naukawe y los otros niños lo vieran llegar no podrían creerlo... Pensarían que estaban viendo visiones... Una amplia sonrisa iluminó su rostro; pero, de repente, este cambió de expresión: «¿Llegaremos a tiempo?», se preguntó angustiado.

—¡Deprisa! —suplicó.

—¡Deprisa! —ordenó el rey haciendo trotar a su cebra.

X

De vuelta a su territorio, en el corazón de Tinka se unían la inquietud y la impaciencia. Anhelaba llegar, pero también lo temía. No quería pensar que a su regreso no hallara otra cosa que un poblado fantasma. No quería ni pensarlo; pero a medida que se acercaban la tierra estaba más y más seca, y casi todas las hojas habían muerto sobre las ramas de los árboles. No se veía un animal, ni siquiera pájaros o babuinos, apenas unos insectos. Y pensar que el año anterior, por aquella misma época, había tantos frutos que solo hacía falta alargar la mano para recogerlos. El año anterior, por aquella misma época, todo era alegría en el poblado. Recordaba una noche especialmente, después de la cena: habían venido de visita gentes del poblado amigo de Xobo, y muchas personas se reunieron alrededor del fuego común. De pronto a su padre y a su tío Nuduwe, el padre de su primo Naukawe, les dio por bromear y fingieron que eran dos babuinos que discutían. Lo hacían tan a lo vivo que los monos, los verdaderos monos, gritaban desde las ramas y les hacían gestos de amenaza; y como su tío y su padre no les prestaban ninguna atención, al contrario, gritaban mucho más alto, los monos, asustados, acabaron tapándose los ojos para no verlos y los oídos para no escucharlos.

Tinka sonreía recordando la escena, pero muy pronto la sonrisa se le mudó en llanto; y así, bañado en lágrimas y sin hacer nada para contenerlas, porque para la gente del pequeño pueblo la tristeza y la alegría no dependen de uno mismo y, por tanto, no hay ningún motivo para disimularlas, se aproximó a la cerca de espinos que rodeaba su poblado.

Y, de repente, la cebra del rey se detuvo tan en seco que a punto estuvo Tinka de salir por encima de las orejas: una flecha había silbado sobre sus cabezas para ir a clavarse en el tronco de una acacia.

El niño la contempló un momento sorprendido y, enseguida, descabalgó de un salto y corrió hacia el árbol: no cabía duda, era una flecha de su pueblo; pero ¿quién habría podido dispararla con tal acierto? Las mujeres no sabían utilizar el arco, y los ancianos tenían el pulso inseguro y débil... ¿Y los niños...? Imposible, todos los niños eran demasiado pequeños.

Haciéndose preguntas estaba cuando una nueva flecha fue a clavarse encima de la otra. Una cosa quedaba clara, fuera quien fuera quien las disparara, aquellas flechas eran una advertencia: con ellas, la gente del poblado les decía que no debían continuar aproximándose.

Entonces Tinka se apresuró a imitar por dos veces el rugido del león y, luego, lanzó al aire el agudo grito del babuino. Era la llamada de la gente del pequeño pueblo, la señal secreta que les avisaba de que era uno de los suyos quien llegaba.

Poco a poco, por detrás de la cerca comenzaron a aparecer figuras cautelosas que durante unos momentos observaron asombradas a la singular comitiva que se hallaba detenida a no mucho más de cien pasos.

Tinka, con los ojos desorbitados de extrañeza y el corazón a punto de estallar, miraba la cerca de espinos sin poder creer lo que veía: ¿serían espíritus?, ¿estaría su campamento habitado por los tristes fantasmas de los cazadores, de su padre, de su tío, de su primo mayor…?

Pero de pronto los espíritus comenzaron a gritar de gozo, y, tras saltar la cerca, corrieron hacia la acacia ante la cual, pensando que veía visiones, Tinka se hallaba detenido. ¿Los veía o no los veía…? No acababa de saberlo, pero su padre estaba a diez pasos de él. ¡Su padre!, con el cuerpo terriblemente enflaquecido, aunque con una sonrisa radiante en los labios.

Tinka quería decir algo, ¡gritar!, pero a su garganta no acudían los sonidos; y tampoco sabía dar órdenes a sus piernas para que se movieran, ni a sus brazos para que se extendieran hacia delante expresando su inmenso gozo.

Pero no hacía falta, porque su padre ya estaba junto a él y lo estrechaba contra su pecho.

Durante algún tiempo padre e hijo se mantuvieron abrazados y en silencio, sintiendo el uno los latidos del corazón del otro, hasta que, vencidos por la emoción, se dejaron caer sobre la tierra seca; y allí permanecieron algún tiempo más, contemplándose, compartiendo la inmensa alegría de estar juntos y vivos. Y por fin el júbilo del corazón se les subió a los labios y rieron a carcajadas, mientras sus lágrimas se mezclaban.

Y luego Tinka se sintió abrazado por todos, por su tío Nuduwe, por su primo Naukawe y por los otros cazadores.

Mientras todo esto sucedía, su nombre comenzó a ir y venir ondeando en el aire: «¡Tinka...!».

Y el aire se lo llevó hasta el poblado; y desde él se fueron aproximando a la cerca, anhelantes y apresurados, los otros habitantes del campamento: ancianos, mujeres y niños. Entre todos distinguió Tinka a su madre y a su hermana. Y de nuevo el asombro se mezcló con el gozo, y otra vez las risas se unieron a los llantos, y los corazones saltaron como locos.

Y luego vinieron las primeras preguntas y las primeras explicaciones:

—Pero ¿cómo es posible, padre, que os retrasarais tanto? Y ¿cuándo habéis regresado?

—Hubo una lucha, nos enfrentamos a los hotentotes... Algunos de los nuestros murieron y ahora cazan en las praderas de Nadima, y otros caímos prisioneros. Al fin pudimos escapar llevándonos los alimentos que encontramos y, también, varios pellejos de agua. Con ellos y algunas raíces resecas nos hemos mantenido hasta ahora. Regresamos dos días después de tu marcha. Salí enseguida en tu busca, pero mis piernas se hallaban tan debilitadas que caí en la arena y no tuve otro remedio que regresar al poblado. Esperando estaba ahora a que se repusieran para salir nuevamente.

—¿Y tú? ¿Por qué te fuiste tú, pequeño loquito mío? —preguntó la madre estrechándole una vez más contra su pecho—. También salí yo a buscarte, y no hallé tu rastro en el desierto.

—Me fui para buscar a la Serpiente de las Aguas; pero no está en ninguna parte, hasta puede ser que haya muerto —respondió Tinka—. Aunque eso ya casi no importa, porque ahora los makololos son nuestros

amigos y nos han traído caza y agua, y riquísimos melones tsama, y también muchas otras clases de fruta —añadió con los ojos brillantes de entusiasmo.

La gente del pequeño pueblo, que con la sorpresa y el júbilo por la vuelta de Tinka se habían olvidado de los hombres que lo acompañaban, los miraron ahora con ojos de gran asombro y no menor desconfianza.

—¡Son nuestros amigos! ¡Ahora lo son! —repitió Tinka, y corrió alegremente hasta el grupo que seguía detenido, más o menos, a cien pasos.

Cuando llegó a su altura, el rey de los makololos lo alzó hasta su cebra, y fue así como entraron en el poblado de la gente del pequeño pueblo de los arbustos.

Los hombres, las mujeres y los niños no comprendían lo que estaba sucediendo: pero si los makololos eran los más grandes de sus enemigos..., aunque no parecían llegar en son de guerra... Y ¡qué cosas decía Tinka...! ¿Y si todo no fuera más que una emboscada y aquellas gentes mantuvieran al niño engañado...? Por si acaso, los cazadores tenían los arcos dispuestos. Sin embargo, las armas de los makololos permanecieron quietas y calladas.

A medida que la comitiva se aproximaba, la gente del pequeño pueblo descubría las grandes bolsas de cuero, las cestas y los pellejos de agua; y, como estaban tan necesitados de bebida y alimento, poco a poco olvidaron sus temores, y, agradecidos y gozosos, alargaron las manos para recibir lo que los makololos les ofrecían.

Después, la comida se convirtió en una fiesta para todos, y aun más para los niños, que no paraban de reír y de saltar.

Tras ella el rey de los makololos habló como un verdadero amigo a las gentes del pequeño pueblo, diciéndoles que, como ya había dicho a Tinka, si querían podían ir a vivir a orillas del lago Ngami y compartir su territorio de caza.

—Es muy extenso, el agua vive allí y nunca escasea la hierba ni falta la sombra, por eso los animales no se marchan —explicó—. Pero ahora es necesario que repongáis vuestras fuerzas, para que, lo más pronto posible, nos pongamos en camino. Y sabed que todo esto lo hacemos —añadió el rey—, para pagar la enorme deuda de gratitud que he contraído con vuestro Tinka.

Entonces las muy asombradas gentes de los arbustos supieron cómo Tinka había puesto su vida en peligro por salvar la vida del hijo del rey.

—Es un pequeño gran hombre —acabó diciendo el rey de los makololos, y tras sus palabras se produjo un hondo y largo silencio.

Los ojos de los padres de Tinka brillaban emocionados, y había sonrisas de admiración en todos los rostros.

—Verdaderamente nuestro Tinka es un pequeño gran hombre —dijeron.

Pero ¿dónde estaba Tinka? Tenían que decirle que estaban orgullosos, y también muy agradecidos; y que era él, y solo él, quien había devuelto la alegría a su pueblo:

—Tinka, acércate, ven y dinos ¿qué podemos hacer para demostrarte nuestro agradecimiento?

—¿Qué podemos darte a cambio de tanta valentía?

—Tinka, tú eres un pequeño gran hombre.

Pero Tinka no quería ser un hombre ni grande ni pequeño; ahora que los cazadores habían regresado, lo que deseaba era seguir siendo niño. Ni tampoco necesitaba nada a cambio de su valentía, lo único que Tinka quería era que le dejaran jugar en paz. Allí estaba, haciendo galopar a la cebra mientras gritaba alegres órdenes a los otros niños. Jugaban a makololos y reyes, y como todos querían ser rey, tenían que seguir un turno; pero, eso sí, a Tinka le parecía que esta vez le correspondía a él ocupar el primer puesto.

XI

La gente del pequeño pueblo no tardó demasiado tiempo en recuperar las fuerzas perdidas. Verdaderamente tenían muchos motivos para sentirse contentos: iban a marcharse a los verdes lugares en los que vivía el agua, ¡y nunca volverían a pasar ni hambre ni sed!

Los niños, sobre todo, no paraban de hablar de las tierras nuevas:

—¿Y cómo es de grande el lago Ngami, Tinka?

—Mucho más grande que todas nuestras charcas juntas.

Los niños reían y les costaba trabajo creerlo.

—¿Y de verdad hay melones tsama por todas partes? ¿Hay más melones que los dedos de cuatro manos?

—¡Muchísimos más...!

—¿Y animales? ¿Cuántas clases de animales hay?

Tinka comenzaba a enumerarlos pacientemente:

—Antílopes, cebras, búfalos, gacelas, jirafas, leones, leopardos, rinocerontes, hipopótamos, elefantes...

—¡Rinocerontes, hipopótamos, elefantes...! —repetían los niños admirados.

—¿Cuándo nos vamos, Tinka?

Al principio, cuando pensaban en la marcha, todo el mundo estaba contento. Pero, a medida que avanzaban los días, se les fue metiendo en el alma un cierto sentimiento de tristeza: era doloroso abandonar las tierras en las que se había nacido y en las que también nacieron sus padres, sus abuelos y los abuelos de los abuelos de sus padres.

Algunas veces las gentes del pequeño pueblo se sentaban a la puerta de las chozas y dejaban vagar la mirada por el amarillo y ardiente desierto. Era que querían guardar en lo más hondo de la memoria todo lo que sus ojos abarcaban.

Y también, a veces, los niños se acercaban a las acacias y acariciaban sus ramas peladas o se abrazaban un momento a los resecos troncos.

Llegó al fin la víspera de la partida: las mujeres y los hombres prepararon en silencio las pocas cosas que poseían, y de cuando en cuando alguien susurraba:

—Volveremos, cuando pase la sequía volveremos.

La víspera de la partida los niños perdieron las ganas de jugar, ni siquiera les apetecía montar en la cebra del rey.

El anciano Wakawe hacía cuanto le era posible para entretenerlos:

—¿Sabéis el cuento del mago glotón, que se convirtió a sí mismo en olla de comida?

Los niños no encontraron en la historia nada divertido. Aquel día casi todo les aburría. Sin embargo, Wakawe se esforzaba en guardar historias en su cabeza; no ignoraba que, cuando estuvieran en la nueva tierra, los viejos cuentos les consolarían, porque los cuentos y las leyendas contenían el recuerdo de las cosas antiguas y se podían llevar a cualquier parte. Mientras recordaran sus historias, las gentes del pequeño pueblo seguirían siendo gentes del pequeño pueblo, aunque vivieran muy lejos de su tierra.

Y, de repente, el anciano Wakawe levantó los ojos y dirigió su mirada a las ramas de las acacias. ¡Las ramas se movían!

Poco a poco los ojos de todos se fueron alzando hasta las acacias, pero nadie decía una palabra; y era que ni siquiera se atrevían a pensar que aquel suave vientecillo que acababa de levantarse, pudiera ser por fin el viento jirafa.

El viento jirafa era un viento cálido y húmedo que anunciaba que las lluvias estaban próximas.

Las ramas de las acacias se movían cada vez con más fuerza, y desde la línea del horizonte se iban aproximando las nubes. Eran muchas, espesas y oscuras; verdaderas montañas de nubes. Las gentes del pequeño pueblo las contemplaban con los ojos iluminados de esperanza, aunque continuaban en silencio. Y, de súbito, el cielo se encendió con un relámpago y poco después se oyó el estruendo del trueno. Entonces la gente del pequeño pueblo dejó la alegría suelta y los niños corrieron a buscar huesos de antílope para ofrecerlos al leopardo que, según sus leyendas, rugía detrás de las nubes. No querían ni pensar que llegara a creer que, en aquella tierra tan seca, no había nada con qué alimentarse.

—¡Ven, tormenta, nos alegra verte! —gritaban.

—¡Acércate, necesitamos el agua que nos traes!

—¡Mira, nuestros cuerpos están secos y la arena quema!

—¡Bienvenida, tormenta, te esperábamos ansiosamente!

Cuando cayeron las primeras gotas, se desbordó el júbilo de las gentes del pequeño pueblo. Los cazadores elevaron sus arcos hacia las nubes en señal de agradecimiento, y las mujeres sacaron a las puertas de las chozas toda clase de recipientes: cuencos de barro, huevos de avestruz, conchas de tortuga de tierra... para recibir las primeras aguas del año.

Después los hombres, las mujeres y los niños se cogieron de las manos y permanecieron juntos y quietos mientras el agua corría por sus cuerpos formando brillantes y alegres hilillos sobre la piel.

Al principio la lluvia hablaba suavemente y en voz baja, pero luego comenzó a hablar en alto y con más fuerza. Y, así, continuó hasta la amanecida.

El leopardo de la tormenta rugía de cuando en cuando, aunque no parecía enfadado; sin embargo, a la mañana siguiente, el rey de los makololos no se atrevía a ponerse en marcha y dijo:

—Será mejor que esperemos hasta que la tormenta haya desaparecido, no sea que las nubes nos sigan y arrojen sus rayos sobre nosotros.

A la gente del pequeño pueblo se le ensanchó el corazón: «Un día más», pensaron. Y también pensaron que, si continuaba lloviendo, quizá no tuvieran que dejar sus tierras.

El leopardo de la tormenta estuvo dormitando casi todo el día; pero se despertó por la tarde, y luego llovió durante toda la noche; por la mañana aún llovía.

Y a la tarde siguiente de la siguiente tarde el leopardo continuaba rugiendo, y por la noche la lluvia cayó nuevamente.

La gente del pequeño pueblo miraba al cielo y sonreía: allí seguían las oscuras nubes y el viento jirafa no cesaba de juntarlas.

Los makololos también miraban a lo alto, no se decidían a partir y decían:

—Aún podemos esperar, todavía tenemos comida suficiente.

Y continuó lloviendo durante un buen racimo de días; sin embargo, la comida que habían traído los makololos comenzaba a escasear. La gente del pequeño pueblo sabía que si el alimento se acababa, no tendrían otro remedio que marchar, aunque continuara lloviendo.

La hierba ya había empezado a brotar, pero aún no había señales de frutos en las ramas ni habían crecido las plantas comestibles, de modo que, según parecía, acabarían marchando.

Pero, una tarde, unos niños que se habían llegado a la cerca de espinos regresaron al poblado a todo correr y, mientras corrían, no podían contener la excitación:

—¡Han vuelto los pequeños antílopes! —gritaban.

La gente de los arbustos no se atrevía a creer en sus palabras: «Los niños se equivocan, serán dos o tres», decían unos; «ya se sabe que algunos pequeños antílopes nunca se alejan demasiado», añadían otros; «es cierto, parece que se alimentan de aire; de todas maneras, serán solo dos o tres».

Pero los niños no se equivocaban, toda una manada de pequeños y alegres antílopes se acercaba brincando. La gente del pequeño pueblo dio rienda suelta a su entusiasmo y, riendo, también saltaron todos cogidos de la mano.

Al día siguiente salieron de caza, pero justamente ese día el leopardo de la tormenta se tumbó sobre las nubes y no se despertó al atardecer, y aquella noche no cayó ni una sola gota de lluvia.

Por la mañana los makololos miraron al cielo y dijeron:

—Partamos enseguida, aprovechando que las nubes están calmadas.

Pero, entonces, la gente del pequeño pueblo ya no sabía qué hacer. Las nubes estaban calmadas, pero el viento jirafa continuaba agrupándolas y los antílopes habían vuelto. Los makololos insistieron:

—Los alimentos casi se han terminado, pongámonos en marcha.

Pero las gentes del pequeño pueblo pusieron a los pies del rey todas sus sartas de cuentas de colores y todas las sonajas de danza que tenían. Se las ofrecían en señal de agradecimiento, y luego el anciano Wakawe habló en nombre de todos:

—Ahora que los pequeños antílopes han regresado, nosotros no partiremos. Nuestra tierra es seca y árida, y en ella es difícil la vida, pero la amamos. Sabemos que la tierra es para los hombres y no los hombres para la tierra, pero en el espíritu de un hombre está una parte del espíritu de la tierra en la que vive. Así, ver cómo se secan y mueren nuestras charcas es duro, pero nada es comparable a contemplar cómo vuelven a llenarse. Asistir a la marcha de los animales nos inunda el corazón de tristeza, pero cuando regresan se nos desborda de alegría. Decidnos que lo entendéis.

—Lo entendemos, pero ¿y si el leopardo no vuelve a despertar...? Y si no lloviera ni mañana ni pasado, ni al día siguiente del siguiente día, ¿consentiríais que vuestros hijos sintieran otra vez las quemaduras de la sed y los mordiscos del hambre? —preguntó el rey de los makololos.

El anciano Wakawe le respondió:

—El leopardo despertará y volverá a llover, es normal que las nubes se tomen un descanso después de haber trabajado muchos días; pero si no lloviera, no consentiríamos que nuestros hijos padecieran de nuevo, porque ahora sabemos que nuestros amigos tienen tierras de sobra y generosamente nos las ofrecen.

Al oír las palabras de Wakawe, el rey de los makololos montó en su cebra mansa y dio a sus hombres la orden de marchar.

Las gentes del pequeño pueblo los acompañaron hasta la cerca de espinos. Ante ella se detuvo el rey y, quitándose su hermoso penacho de plumas, lo puso sobre la cabeza de Tinka.

Los ojos del niño se encendieron de emoción. Sabía que el rey le entregaba aquello que más apreciaba, y por eso se quitó el amuleto que colgaba de su cuello y se lo ofreció. Era lo que más estimaba de cuanto poseía, se lo había dado su padre, pero ya no lo necesitaba porque los cazadores estaban en casa y no era necesario que él fuera el guardián del campamento; ahora solo era un niño feliz, que tenía un maravilloso penacho de plumas.

Hasta que los makololos no se perdieron de vista, la gente del pequeño pueblo permaneció junto a la cerca. En sus corazones había un doble sentimiento: uno era de tristeza, porque ya no veían a sus amigos, y el otro de duda, porque no estaban seguros de si habían hecho bien al no marchar con ellos. ¿Y si ya no volvía a llover?

El sol enrojecía en el horizonte, ocultándose tras la masa de nubes oscuras. El viento jirafa continuaba soplando.

El penacho de plumas se balanceaba sobre la cabeza de Tinka.

«Es un pequeño gran hombre», pensaba su padre con orgullo.

El viento jirafa soplaba cada vez con mayores fuerzas, y el leopardo de la tormenta se despertó y comenzó a rugir con fuerza.

Los niños saltaron de contento, y a Tinka se le hundió el penacho hasta los hombros. Los niños rieron:

—¡Tinka es un avestruz! ¡Eh, avestruz Tinka!

Y Tinka empezó a moverse bobamente, agitando su cabeza emplumada y ahuecando los brazos a ambos lados del cuerpo. Parecía un avestruz que danzaba, un verdadero avestruz macho que se esforzaba en enamorar a su hembra. Los demás niños le imitaron, aunque ellos no tenían penachos de plumas.

Los padres olvidaron sus temores y miraron a sus hijos con ojos de cariño.

Y, entonces, comenzaron a caer las primeras gotas.

ÍNDICE